TODO SOBRE LA COCINA

150 SENCILLAS TAREAS
PARA COCINAR COMO
LOS PROFESIONALES

TODO SOBRE LA COCINA

150 SENCILLAS TAREAS
PARA COCINAR COMO
LOS PROFESIONALES

LAROUSSE

Dirección editorial: Tomás García Cerezo

Editora responsable: Verónica Rico Mar

Traducción: Ediciones Larousse S.A. de C.V.
con la colaboración de Alejandra Bolaños Arias.

Asistencia Editorial: Gustavo Romero Ramírez,
Alejandro González Dungla

Formación: Quinta del Agua Ediciones, S.A. de C.V. /
Visión Tipográfica Editores, S.A. de C.V.

Portada: Ediciones Larousse S.A. de C.V.
con la colaboración de Pixel Digital.

Título original: *150 Projects to Get Into the Culinary Arts*
Barron's Educational Series, Inc.
Coordinadora de proyecto: Cathy Meeus
Editor: Pablo Carslake
Primera edición
Copyright © 2011 Quarto Inc.
ISBN-13: 978-0-7641-4671-8
ISBN-10: 0-7641-4671-8

©2011 Ediciones Larousse, S.A. de C.V.
Renacimiento 180, Colonia San Juan Tlihuaca,
Delegación Azcapotzalco
C.P. 02400, México, D.F.

ISBN: 978-607-21-0403-7

www.larousse.com.mx

Contenido

Capítulo 3 **Carnes, aves, pescados y mariscos**

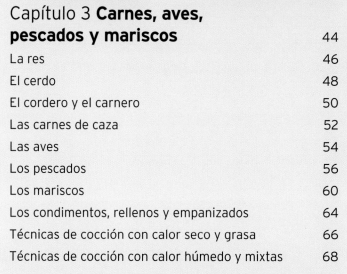

Capítulo 4 **Frutas, vegetales, cereales y productos secos**

Capítulo 5 **Los lácteos y el huevo**

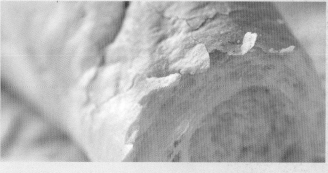

Capítulo 6 **Productos horneados, postres cremosos y chocolate**

Prólogo

Cuando era un joven estudiante me gustaba la economía doméstica, la cual consistía en ese entonces en planchar, bordar y, mi actividad favorita, cocinar. Mi madre, junto con mi profesora, la señora Grainger, me animaron a desarrollar mi talento y a convertirme en cocinero profesional, aconsejándome que asistiera a una escuela de gastronomía. Ahora, treinta y un años después, soy director de educación gastronómica en una de las escuelas culinarias más prestigiosas del mundo: la Universidad Johnson & Wales. Superviso un colegio con 36 chefs instructores y más de 1,400 estudiantes de gastronomía. Siempre he tenido trabajo y he viajado por todo el mundo gracias a mi profesión que, honestamente, he disfrutado cada minuto. Como cocinero profesional, se puede trabajar en cualquier parte del mundo, ya que la comida es en sí misma un lenguaje universal, no importando el idioma que se hable. Todo mundo ama comer, y cocinar es la forma más sencilla que conozco de hacer amigos para toda la vida.

Me hubiese gustado haber tenido un libro como éste cuando apenas incursionaba en este oficio, un libro que fuera fácil de leer y que tuviera fotos e ilustraciones, desde cómo pochar un huevo y batir la crema, hasta información sobre los distintos tipos de estufas y equipo utilizado en una cocina profesional. Recuerdo haber comprado dos libros para la universidad, uno de práctica y otro de teoría. Ambos tenían más de 400 páginas con pocas fotografías o ninguna, estaban llenos de palabras en francés difíciles de pronunciar y recetas que no explicaban las técnicas para cocinar. Este libro es un punto de partida para cualquier aspirante a profesional en la cocina; muestra los aspectos básicos que necesita saber, ya sea antes de entrar a clases en una escuela de gastronomía o de comenzar a trabajar en establecimientos de alimentos y bebidas.

Este libro lo lleva de la mano con instrucciones paso a paso, y le explica cómo llevar a cabo tareas culinarias con prácticas muy sencillas. Comience a trabajar por el principio y obtendrá los primeros elementos que necesita para convertirse en un gran profesional. Incluso si usted ya conoce los conceptos básicos, estoy seguro de que encontrará este libro interesante e inspirador y le ayudará con sus estudios en la universidad o en el trabajo.

Por último, como le digo a mis alumnos: "El éxito es fácil: sepan lo que quieren, trabajen duro y sean consistentes con lo que hacen". Usted sabe lo que quiere ya que tiene este libro en sus manos, ésa es la parte sencilla; ahora trabaje duro y sea consistente mientras trabaja a través de cada una de las prácticas. La práctica le traerá éxito, pero ello es sólo el comienzo de la verdaderamente maravillosa experiencia de ser un profesional en la cocina.

¡No deje de cocinar!

Mark William Allison

Los primeros pasos

Para dominar las artes culinarias necesita contar con una base sólida en los fundamentos de las mismas. Ello significa conocer la configuración de las brigadas de cocina y comedor, la planificación del menú, la elaboración de recetas, garantizar la seguridad de los alimentos, y dotar a todas las recetas de valor nutricional. Es necesario saber por qué hay que balancear las proteínas, carbohidratos y grasas en cada porción, cómo el calor afecta la estructura de los alimentos y a qué temperaturas es seguro cocinarlos y almacenarlos para evitar la intoxicación por consumo de alimentos. En suma, necesita tener cuidado con el almacenamiento, preparación y cocción de alimentos, de lo contrario, podría causarle problemas a usted, a su establecimiento, y a quienes les ofrece sus alimentos.

También necesita conocer los utensilios básicos del oficio. Aprenderá a escoger los mejores cuchillos, la manera correcta de sostenerlos, además de cómo mantenerlos afilados y en buenas condiciones. También conocerá los requisitos básicos del equipo de cocina con el que debe contar y la información necesaria para reconocer la diferencia entre una olla y un sartén o una estufa de hornillas eléctricas y otra con hornillas de gas. Así que comience ahora y recuerde que este es un proceso de aprendizaje: si usted comete un error, inténtelo de nuevo, tómese su tiempo y disfrute elaborar cada una de las prácticas de este libro.

La brigada de cocina

Georges-Auguste Escoffier (1847-1935) es venerado como el padre de la cocina del siglo XX. Una de sus principales aportaciones fue el hacer más eficiente el lugar de trabajo con la introducción del sistema de brigada para establecer claramente las responsabilidades de cada miembro del equipo. La brigada clásica es de tradición francesa, sin embargo, en México se ha adaptado al omitir algunos puestos y agregar otros.

El chef

La palabra chef proviene del latín *caput,* y es la forma abreviada de la expresión francesa *chef de cuisine*, que significa jefe o cabeza de cocina. Hoy en día este término se refiere generalmente a la persona que se encuentra a cargo de una cocina.

El trabajo en equipo

Cuando trabaje en la cocina, debe estar preparado para ser parte del equipo. Esto es particularmente importante en horas pico.

¿Quién es quién en la cocina?

La brigada de cocina consta de una serie de roles bien definidos, desde los puestos más altos hasta los más bajos, y juntos crean un equipo de trabajo completo desde sus estaciones individuales en la cocina. En México, los principales puestos son:

Chef ejecutivo o **jefe de cocina**. Es el responsable de todos los aspectos de la producción de alimentos, la planificación de menús, la contratación, la capacitación del personal y el manejo del presupuesto.

Subchef o *sous chef.* Esta persona es el asistente del jefe de cocina. Sus responsabilidades incluyen la organización del personal de cocina y las de las operaciones diarias.

Chef de estación o de *partie.* Está a cargo de una estación o área en específico. Los siguientes son los chefs de estación más importantes:

Garde manger o **chef de cocina fría.** Realiza todas las ensaladas y aderezos, sopas, entradas frías, patés y los elementos del bufé. El chef de cocina fría también puede preparar carnes y pescados.

Chef de cocina caliente. Se encarga de todas las preparaciones que se sirven calientes como las sopas, caldos, entradas y platos fuertes. También puede elaborar platillos con cortes de carne y pescados.

Parrilero o *rotisseur.* Está a cargo de los asados y platos a la parrilla. Dependiendo del tamaño de la cocina, este puesto puede desempeñarlo el chef de cocina caliente.

Pescadero o *poissonier.* Prepara los platos de pescados y mariscos. Dependiendo del tamaño de la cocina, estas funciones pueden ser desempeñadas por el chef de cocina caliente.

Chef pastelero o *patisseur.* Prepara los pasteles y postres, y también puede elaborar piezas de panadería.

Ayudante. Trabaja con los chefs de cada estación para aprender cómo funcionan. Otros puestos que pueden estar en una brigada de cocina son el saucier, el entremetier, y el encargado de transmitir a cada chef de cada estación los platillos a elaborar.

1 Práctica: pruebe lo básico

Conozca los fundamentos. Al igual que en cualquier actividad, necesita dominar los principios básicos de la misma para alcanzar un nivel avanzado. Comience hoy mismo, lea este libro de principio a fin y realice cada una de las prácticas. Con esta experiencia puede comenzar la diversión: las habilidades básicas son los elementos esenciales para llevar una completa y excitante vida como profesional culinario.

El comedor

Así como la cocina tiene su brigada, el comedor también la tiene.

Maître d'hotel. Al igual que el chef ejecutivo o *chef de cuisine*, el *maître d'hotel* es la persona encargada de gestionar el comedor; en estrecha colaboración con el chef ejecutivo determina el menú y la selección de vinos; su trabajo también incluye la contratación y capacitación del personal y la organización de los asientos.

Sommelier. Es responsable del servicio del vino, desde la selección de la carta (que incluye las cervezas y licores), hasta ayudar a los comensales a elegir el mejor vino para acompañar su comida.

Capitán o **jefe de meseros**. Está a cargo del servicio durante las horas de operación.

Hostess o host. Dirige a los comensales a su mesa, les explica el menú, toma la orden y responde las preguntas sobre el menú que los comensales pudiesen tener.

Mesero. Pone la mesa y puede reorganizarla a petición de los comensales. Entrega la comida y atiende las necesidades de los comensales con prontitud y cortesía.

Garrotero. Es quien aprenderá a poner las mesas, llenar los vasos con agua, quitar los platos entre tiempos, y ayudará al *chef d'étage* y al mesero antes y durante el servicio.

2 Práctica: ábum de recetas

Construya su propio álbum o colección de recetas de revistas y periódicos Reúna aquellas que le atraigan y realice una nueva al menos una vez a la semana. Su colección será una fuente inagotable de ideas nuevas. Puede comprar álbumes para pegar sus hallazgos o guardarlos en fundas de plástico en una carpeta.

Cadena de mando

En las horas pico, el personal del comedor debe colaborar estrechamente en equipo para prestar el excelente servicio que los comensales esperan.

3 Práctica: las librerías

Investigue en librerías técnicas culinarias, busque recetas y métodos de cocción, pero no compre demasiados libros a la vez. Sólo compre un libro que sabe que utilizará, y que haya leído previamente de principio a fin. Pruebe las ideas que surjan antes de comprar otro nuevo.

4 Práctica: tarea

Haga su tarea, nadie se convierte en el mejor en algo, sin dedicarle tiempo. Ahora que conoce el sistema de brigadas de cocina y comedor, memorice el nombre de cada estación. Posteriormente esté preparado para trabajar en cada una de las secciones hasta llegar a la cúspide del sistema de brigada, que es lo que realmente se necesita para ser un mejor chef.

Cómo elaborar un menú

Un menú es una lista de platos que se sirven en un restaurante, le permite al cliente seleccionar lo que puede comer y describe los sabores que puede esperar.

Un menú es una lista de platos que se sirven en un restaurante, le permite al cliente seleccionar lo que puede comer y describe los sabores que puede esperar.

Para el restaurantero, el menú es el documento más importante del negocio. Refleja las ventas, la producción de alimentos, la contabilidad, las compras, el trabajo necesario para producir y servir la comida, el diseño de la cocina y el equipo necesario para elaborar los platillos de manera satisfactoria.

El menú

Ya sea que tenga la intención de trabajar en un restaurante de alta cocina, en un restaurante familiar o en una cadena de hamburguesas, descubrirá que el menú, combinado con buena comida y buen servicio, le asegurará el éxito.

La mayoría de los menús ofrecen opciones suficientes para armar una comida de tres tiempos. El primer tiempo puede ser caliente o frío, incluye aperitivos, ensaladas y sopas. El plato principal ocupa el segundo tiempo y por lo general incluye proteína que puede ser carne, pollo, pescado, mariscos o una opción vegetariana, junto con una ensalada de verdura y carbohidratos como el arroz o las papas. Es importante ofrecer opciones vegetarianas y alimentos que no produzcan reacciones alérgicas. El tercer tiempo es el postre que puede ser caliente o frío e incluir desde helados y pasteles, hasta frutas o una selección de quesos.

Un menú formal de comida es una secuencia de tiempos, que pueden ser 3 o más, dependiendo del estilo del restaurante, el tamaño de las porciones y el tipo de comida a servir. Los menús de degustación son cada vez más populares, ya que ofrecen pequeñas porciones de una amplia variedad de platos.

Menú del desayuno

Un menú típico incluye una selección de frutas, jugos, cereales, panes y platos calientes como tocino, huevos, *hot cakes*, *waffles* y especialidades regionales.

Menú del almuerzo

Usualmente se ofrecen platillos que se puedan servir rápidamente, ya que mucha gente puede tener sólo una hora para consumirlos. Los sándwiches, las sopas y las ensaladas son buenas opciones ya que son rápidas y fáciles de hacer y servir. Sin embargo, si se desea captar una clientela que asista regularmente a comer, para ello, debe contar con una buena y variada selección de platillos.

Menú de comidas y cenas

La comida y la cena son las principales comidas del día, cada menú debe ofrecer platos que atraigan a los clientes, servidos en un ambiente relajado y agradable.

El lenguaje del menú

1 El **menú a la carta**, significa que todo, desde los alimentos hasta las bebidas, tiene un precio individual y se ordena por separado.

2 El **menú** *table d'hôtel*, por lo general, ofrece a los clientes una opción fija de platos y sin ofrecer ninguna otra selección.

3 El **menú de precio fijo**, ofrece diferentes opciones al cliente, pero el costo de toda la comida es fijo.

Hoy en día muchos restaurantes ofrecen una mezcla de estos tipos de menús a sus clientes, lo que les brinda una mayor capacidad de elección.

Estilos de menú

Un menú fijo cambia rara vez día con día, por lo general se ofrece en escuelas, colegios, cadenas de comida rápida y en restaurantes de franquicia.

Un menú cíclico se repite durante determinado tiempo, por ejemplo, siendo un menú diferente para cada día de la semana. Este tipo de menú es bueno para los hospitales, asilos, escuelas y universidades. Puede ser un menú que cambie según la estación (primavera, verano, otoño e invierno) y ofrezca a los clientes la mejor calidad en alimentos de temporada a los mejores precios. Esto es ideal para restaurantes y hoteles de propiedad privada.

Un menú de mercado depende de lo que haya disponible en el mercado, en ese momento determinado, por lo que puede variar diariamente. Los mejores chefs utilizan estos menús porque les ofrece el reto de crear platos nuevos e interesantes, además de permitirles utilizar alimentos frescos de temporada, diaria o semanalmente.

Un menú actual

Tiempo	Menú
Primer tiempo o entrada	aperitivo, sopa, ensalada
Segundo tiempo o plato fuerte	carne, pollo, pescado, verdura
Tercer tiempo o postre	pastel o similar, fruta, queso, selección de helados

Planeación del menú

El chef tiene un papel importante en la elaboración del menú, sin embargo, se requiere la participación de varias personas. La portada, el diseño de arte, la composición, el color, el papel y la tipografía, deben ser revisados por el chef, la administración del restaurante, el diseñador y el equipo de marketing.

La descripción de los platos, cómo prepararlos y la cantidad, calidad y frescura de los mismos es información importante que debe aparecer en el menú, respaldada con datos fiables. Avisos como: "El consumo de res, pollo, pescado, mariscos, huevos, etc., crudos o poco cocidos puede aumentar el riesgo de contraer enfermedades transmitidas por alimentos", tienen que aparecer en el menú, así como avisos de algunos frutos secos incluidos en los platillos, para proteger a quienes son alérgicos a ellos.

5 Práctica: lograr experiencia

Es necesario comer fuera tanto como sea posible y probar distintos tipos de cocinas y establecimientos. Usted puede llegar a ser un experto si desarrolla su paladar para determinar qué ingredientes van bien juntos; esto se puede lograr probando alimentos nuevos y diferentes estilos de cocina. Trate de comer en un restaurante de buena calidad una vez por semana o por lo menos una vez al mes.

6 Práctica: tome notas

Cuando coma en nuevos restaurantes, tome notas, o mejor aún, pregunte si puede llevarse el menú. Es una buena manera de aprender a crear sus propios menús

7 Práctica: estudie estilos de presentación

Tome fotos de los platillos antes de comerlos, esto le ayudará en gran medida a incrementar sus habilidades en la presentación de los platos. Piense en ellos como obras de arte, que puede consultar rápidamente cuando necesite inspiración, en los colores, las formas, las texturas, y la disposición de los alimentos. Adquirir estas habilidades es cuestión de práctica y paciencia, pero se puede acelerar el proceso si come en buenos restaurantes y recibe consejos de presentación de distintos chefs.

8 Práctica: menú de mercado

Vaya de compras al supermercado o, mejor aún, al mercado local. Gaste una pequeña cantidad en una selección de provisiones, llévelas a casa y diseñe su propio menú de mercado para usted, su familia y amigos. Ésta es una buena manera de aprender nuevas formas de utilización y presentación de los alimentos de temporada.

Consejos para la planificación del menú

- No ofrezca alimentos similares o con los mismos sabores.
- No repita alimentos con la misma textura o sensación en el paladar.
- Utilice tantas variedades de color, forma y textura como sea posible.
- Elabore menús balanceados con alto valor nutricional, tanto como sea posible.
- Planee el menú conociendo las limitaciones y posibilidades de su equipo.
- Conozca las limitaciones de su personal y ofrezca un menú que se pueda preparar y cocinar fácilmente y servirse de manera eficaz.

Las recetas

Una receta es un conjunto de instrucciones que brinda una lista de ingredientes, cantidades y cómo se combinan y cocinan. Su propósito es duplicar exactamente un plato cada vez que se prepara. Una receta bien diseñada optimiza las operaciones de cocina y controla los costos.

Por sí misma, una receta no lo convertirá a usted en un profesional; sin embargo, una receta sin duda le ayudará a practicar las técnicas culinarias, todo depende de cuánto tiempo y energía le dedique a desarrollar sus habilidades.

Una receta estandarizada es una receta personalizada y desarrollada por un lugar para usarla en su propia cocina con su personal. Se asume que el chef tiene cierto conocimiento que le permite seguir las instrucciones de la receta y convertirla en un producto de calidad. Sin embargo, si usted no sabe cómo saltear o

Receta estandarizada

Una receta estandarizada se compone de tres elementos diferentes:
1. El tipo y cantidad de cada ingrediente.
2. El procedimiento detallado paso a paso para elaborar el platillo.
3. El número de porciones y su tamaño.

La siguiente información puede ser parte de una receta:
• Nombre de la receta.
• Ingredientes y cantidades en el orden en que se utilizan.
• El equipo necesario.
• Instrucciones sencillas para la elaboración del plato.
• Tiempos de cocción y preparación.
• Porciones, montaje y la guarnición.

freír un alimento, una receta estandarizada no le dirá cómo lograrlo. Se requiere de conocimiento y experiencia, ya que la función de este tipo de receta es la de controlar la calidad y cantidad del alimento, su rendimiento y el tamaño de las porciones de los platillos.

Lograr una producción consistente

Cuando se trabaja de manera profesional, es importante asegurar que la porción de los platillos y la calidad de producción de los mismos sea constante mediante el funcionamiento eficiente de la cocina. Una receta se tiene que realizar de la misma manera cada vez, no importa quién sea el chef que la prepare. La medición en la cocina se puede hacer de tres maneras: por peso, por volumen o por conteo.

El peso

Medir por peso es, por mucho, la mejor manera de calcular la cantidad de ingredientes de una receta porque otorga mayor precisión. Es esencial usar básculas de buena calidad en las cocinas del trabajo y del hogar.

El volumen

Medir por volumen no es tan exacto como medir por peso pero es una forma más rápida de calcular la cantidad de ingredientes, sobre todo en una cocina ocupada. Las medidas más comunes son: tazas, cucharadas y cucharaditas. Esta forma de medir es más utilizada para calcular cantidades de líquidos.

El conteo

Se refiere al número de unidades en una receta. Por ejemplo, usar una pechuga de pollo, cuatro huevos, dos filetes de lenguado y dos limones. El término también se utiliza cuando el chef realiza pedidos a proveedores. Sin embargo,

Equivalentes comunes

1 pizca	⅛ de cucharadita
3 cucharaditas	1 cucharada
2 cucharadas	1 onza líquida
4 cucharadas	¼ de taza (2 onzas líquidas)
5 ½ cucharadas	⅓ de taza (2 ⅔ onzas líquidas)
16 cucharadas	1 taza (8 onzas líquidas)
2 tazas	1 pinta (16 onzas líquidas)
2 pintas	1 cuarto (34 onzas líquidas)
4 cuartos	1 galón (128 onzas líquidas)
0.035 onzas	1 gramo
1 onza	28.35 gramos (redondeados a 30 gramos)
1 libra	454 gramos
2.2 libras	1 kilogramo
1 cucharadita	5 mililitros
1 cucharada	15 mililitros
1 onza líquida	29.57 mililitros (redondeados a 30 mililitros)
1 taza	240 ml
1 galón	3.80 litros

No mida una receta con el sistema métrico decimal y el sistema inglés de medidas a la vez. Utilice sólo uno, de lo contrario la receta no será exacta y no obtendrá el resultado deseado.

9 Práctica: cocine para usted y su familia

Para convertirse en un profesional en la cocina, practique sus habilidades todos los días y aproveche cada oportunidad de cocinar para los demás, así crecerá la confianza en sus habilidades. Una de las mejores y más agradables maneras es cocinar para su familia y amigos. Asegúrese de leer la receta completa, luego reúna los ingredientes y mídalos correctamente, ya sea por peso, volumen o número. Es necesario que conozca las medidas. Además, es vital aprender diversas técnicas y métodos de cocción cuando utilice distintos ingredientes.

10 Práctica: involucre a su familia

A medida que realice recetas diferentes y utilice distintos ingredientes, haga que su familia se involucre y le pregunte qué ingredientes son los que funcionan mejor con ciertos platos. ¿Cuáles son los mejores cortes de carne para cocer a fuego lento o cuáles funcionan mejor asados y por qué? ¿Cuáles son los productos de temporada? ¿Cuáles ingredientes se llevan bien juntos y cuáles no? Esto reafirmará sus conocimientos y responderá preguntas mientras crea nuevas recetas.

11 Práctica: coleccione libros de cocina

Una de las mejores formas de perfeccionar sus habilidades culinarias es leer tantos libros de cocina como sea posible y comenzar su propia colección. Puede revisar librerías de segunda mano y ventas de *garage*. Realice las recetas varias veces, hasta que perfeccione cada plato. Sin miedo, mezcle los ingredientes que parecen no combinar. La fusión, mas no la confusión, es la clave.

12 Práctica: cocine con una canasta sorpresa

Dé a su familia o a sus amigos una modesta cantidad de dinero y pídales que compren un surtido de ingredientes sorpresa. Asígnese 30 minutos para analizar los ingredientes e invente su propia receta, prepárela y sírvala. Se sorprenderá de lo creativo que puede ser uno bajo presión. Asimismo, sorprenderá a sus familiares y amigos, mostrándoles su talento y habilidad cuando sólo cuenta con unos pocos ingredientes y tiempo limitado.

hay que notar que las frutas y las verduras no siempre pesan lo mismo. Por ejemplo, un conteo de 40 naranjas podría pesar 9 kg, pero un conteo de 30 naranjas podría pesar lo mismo si las piezas de fruta son más grandes.

El sistema métrico decimal es el más común para medir. En los países de habla inglesa se emplea el sistema inglés de medidas, que es más difícil de aplicar, ya que utiliza libras para el peso y tazas para el volumen. Sin embargo, para hacerlo más fácil, los dos sistemas de medición se usan a menudo en los libros de cocina en inglés. Pero en una receta estandarizada sólo se darán las cantidades con las medidas utilizadas en ese establecimiento (por ejemplo tazas o gramos, pero no ambas).

Ponga en práctica sus habilidades

Necesitará aplicar las nuevas técnicas que ha aprendido cuando escriba sus recetas. ¿Cuáles son los métodos de cocción que requiere? ¿Cuáles son las características básicas de los ingredientes? ¿Ha elegido proteína para asar, magra o grasa, dura o suave? ¿Cuáles son las funciones de los ingredientes? ¿Aportan sabor, textura o cuerpo a la receta? ¿Cuáles son sus tiempos de cocción? Dado que los tiempos de cocción varían según el producto, su conocimiento y experiencia le dirán si éste ha alcanzado la temperatura, la textura y el grado de cocción correctos.

Mida su tiempo con una canasta sorpresa
Tome 30 minutos para analizar los ingredientes y elaborar un menú.

Bases de nutrición

Actualmente las personas se preocupan más por lo que comen, así que cuando planee un menú es necesario comprender las necesidades nutricionales básicas del cuerpo.

Usted se beneficiará enormemente al saber cómo la energía y los nutrientes trabajan en conjunto para desarrollar un menú delicioso, sano y satisfactorio con platillos fáciles de preparar. El fundamento de la cocina es entender los ingredientes, las técnicas de cocina y la nutrición básica. Todos los alimentos tienen compuestos químicos en su interior llamados nutrientes, éstos proveen de energía a nuestros cuerpos para regular sus funciones, así como para reemplazar y construir los tejidos del mismo. Los nutrientes se clasifican en:

Proteínas

Éstas consisten en aminoácidos, que conforman los tejidos del cuerpo, y son esenciales para el crecimiento y la reparación del mismo. El cuerpo construye la mayoría de los aminoácidos que necesita, pero hay algunos que se deben obtener. Los alimentos tales como leche, carnes, aves, pescado y huevo se denominan proteínas completas por contener los nueve aminoácidos esenciales.

Otros alimentos pueden ser altos en proteína, pero no contienen todos los aminoácidos esenciales; a éstos se les llama proteínas incompletas (nueces, granos y frijoles son buenos ejemplos). Se pueden obtener los nueve aminoácidos esenciales comiendo proteínas de los diferentes grupos en una sola comida. El adulto promedio necesita alrededor de 45 g a 75 g de proteínas al día. Tome en cuenta que el exceso de proteínas puede causar problemas de salud, incluyendo daño renal y hepático.

Grasas

Las grasas son buenas ya que el cuerpo necesita de vitaminas liposolubles (A, D, E y K) para funcionar correctamente. Las grasas también proporcionan energía y se clasifican como saturadas, monoinsaturadas o poliinsaturadas.

Las grasas saturadas son sólidas a temperatura ambiente y provienen de productos de origen animal. Los expertos en salud afirman que el consumo en exceso de grasas saturadas puede provocar enfermedades cardiacas y otros problemas de salud. Las grasas monoinsaturadas y poliinsaturadas son líquidas a temperatura ambiente y se consideran más sanas que las grasas saturadas. Las grasas monoinsaturadas se encuentran en los aceites de oliva y de canola, mientras que las poliinsaturadas están en los aceites de maíz y de girasol. Las grasas hidrogenadas cambian de líquido a sólido mediante la adición de átomos de hidrógeno a sus moléculas, y son llamadas grasas trans, las cuales no son saludables.

Carbohidratos

Los carbohidratos son compuestos de carbono, hidrógeno y átomos de oxígeno unidos a manera de cadenas; constituyen la principal fuente de energía para el cuerpo. Una persona promedio necesita entre 45 a 105 g de carbohidratos por día. Existen dos tipos de carbohidratos: los simples (azúcares) se encuentran en frutas y dulces, mientras que los carbohidratos complejos (almidones combinados con fibra) se encuentran en granos enteros, vegetales y frutas.

Una dieta equilibrada

Si usted consume una gran variedad de alimentos que al mismo tiempo se mantienen dentro de sus necesidades calóricas, tiene más probabilidades de obtener todos los nutrientes que necesita su cuerpo. Debe incluir todos los días cada uno de los grupos alimenticios. Esto significa comer por lo menos:
- Cuatro porciones de frutas.
- Cinco porciones de verduras.
- Tres porciones de granos.
- Tres porciones de productos lácteos sin grasa o bajos en grasa.

Usted puede:
- Comer dulces con moderación.
- Comer pollo y pescado al menos una vez por semana.
- Comer carnes rojas con moderación.
- Restringir la ingesta de grasa total de un 20 al 35 por ciento del consumo calórico diario.
- Consumir menos de una cucharadita de sodio por día.
- Tomar bebidas alcohólicas con moderación.
- Practicar una actividad física durante 30 minutos diarios.

Fuentes de nutrientes

Para mantenerse sano hay que tener una dieta variada y balanceada, que contenga los nutrientes esenciales que el cuerpo necesita. Incorporando cada uno de los principales grupos de alimentos se puede generar una dieta balanceada, que satisfaga todas las necesidades nutricionales.

proteínas   grasas   carbohidratos   vitaminas   minerales   agua

Vitaminas

Las vitaminas no proporcionan energía, pero son importantes para el buen funcionamiento del cuerpo. Existen dos tipos: hidrosolubles y liposolubles. Las vitaminas B y C son hidrosolubles y deben ser consumidas diariamente, mientras que las vitaminas liposolubles, como las A, D, E y K, pueden almacenarse en el cuerpo y no deben tomarse todos los días.

El Agua

El agua constituye entre el 60 y 70 por ciento del cuerpo humano y juega un papel importante en varias de sus funciones: la digestión, el control de la temperatura y la eliminación de residuos. El adulto promedio debe tomar ocho vasos de agua al día.

Los Minerales

Los minerales se dividen en dos grupos: los macrominerales, que incluyen calcio, cloruro, magnesio, sodio y potasio, y los microminerales de traza, que incluyen cobre, flúor, hierro, selenio y zinc, entre otros. Los minerales, al igual que las vitaminas, son esenciales para la regulación de ciertas funciones corporales.

Las Calorías

Una caloría es una unidad de medida de la energía, que se define como la cantidad de calor necesaria para elevar 1 °C la temperatura de 1 gramo de agua pura a la presión de una atmósfera.

1 g de proteína aporta cuatro calorías.
1 g de grasa aporta nueve calorías.
1 g de carbohidratos aporta cuatro calorías.

Es necesario ingerir menos o más calorías diariamente, dependiendo de la ocupación y la complexión física individual, hay una relación directa entre la ingesta de calorías, la actividad física y el aumento de peso; si uno ingiere menos calorías de las que quema, pierde peso.

13 Práctica: prepare platos saludables

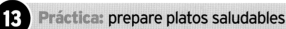

Intente preparar su propia hamburguesa saludable. ¿Qué puede cambiar para que así sea? Posteriormente, que su familia y amigos degusten la hamburguesa y determine si su alternativa saludable sabe tan bien como la versión original. ¡Tal vez sepa mejor!
• Trate de usar carne magra, como carne picada de pollo o pavo, que son más bajos en grasa saturada que la carne de res.
• El asado a la plancha reduce la cantidad de contenido de grasa en la hamburguesa en comparación con la fritura.
• Use queso bajo en grasa en lugar de entero.
• Añada verduras frescas como lechuga, jitomate, pepino y cebolla, cortadas en rodajas.
• Cambie el pan blanco por pan integral, alto en fibra.
En vez de acompañarla con papas fritas, utilice rebanadas de papas cubiertas ligeramente con aceite de oliva y horneadas hasta quedar crujientes.

14 Práctica: creando un menú saludable de tres tiempos

Elabore un menú de tres tiempos, siga los lineamientos saludables de la práctica 13. ¿Cómo reducir el consumo de grasas? ¿Mediante el uso de carne magra o utilizando técnicas de cocina, como la de cocer al vapor, a fuego lento, o asado a la plancha? ¿Cómo reducir la cantidad de proteína animal en su menú?, ¿Usando tofu u otros sustitutos de carne? ¿Cómo utilizar más verduras y frutas de forma creativa en su menú?

La próxima vez que salga a comer, observe el menú e identifique tres de los platos más populares que contengan res, pescado o aves. En casa, adapte estos platos para un cliente vegetariano.

Lo que los restaurantes y los chefs pueden hacer

Cada vez más los restaurantes y los chefs se preocupan por la salud de las personas, redefiniendo sus menús y prácticas de cocina, por ello están incluyendo nuevos elementos saludables en sus menús como:
• El uso de técnicas de cocina que emplean menos grasa.
• La utilización de aceites saludables.
• El confiar en los sabores naturales de los productos en vez de agregar sal, y añadir más hierbas y especias a los platos.
• El uso de los productos frescos de temporada.
• El almacenamiento adecuado de alimentos para que no pierdan su valor nutricional.
• La reducción del tamaño de las porciones.
• Presentar más opciones saludables en el menú.
• El ofrecer platos fuertes que enfaticen el uso de vegetales en lugar de carnes.
• Agregar información nutricional en los menús.
• El señalar en el menú los elementos saludables.
• El colocar avisos en el menú de platillos que contengan posibles alérgenos.

El calor en los alimentos

Cuando los alimentos se someten a la acción del calor cambian su color, sabor, aroma, textura y contenido nutricional. Es necesario saber por qué ocurren estos cambios para poder predecir los resultados.

Papas cocidas

Papas crudas

Cómo se alteran los alimentos al cocinarlos
Los métodos de cocción como hervir, asar, rostizar, hornear, saltear o freír, le dan a la comida una textura, aspecto, aroma y sabor específicos. Cocer los alimentos afecta a sus proteínas, azúcares, almidones, agua y grasas de diferentes maneras.

El entendimiento básico de la aplicación de calor a los alimentos es fundamental. Existen tres formas en las que el calor se transmite a los alimentos: conducción, convección y radiación.

La conducción

Es la transferencia de calor entre dos objetos como resultado del contacto físico directo y el movimiento interno del calor a través de los alimentos. Si se coloca un sartén en la estufa, el calor de la estufa se trasladará al sartén y el metal de éste lo llevará a la comida, cocinándola. Un utensilio hecho de cobre y aluminio conduce el calor de mejor manera. El vidrio y la porcelana son considerados malos conductores de calor.

Los equipos de inducción tienen planchas de vidrio o cerámica que por debajo albergan bobinas de energía electromagnética. Esto crea una corriente eléctrica que se transmite al equipo de cocina colocado encima. Ésta es una manera rápida, eficiente y segura para cocer los alimentos. Es necesario utilizar los utensilios de cocina especiales de inducción ya que el cobre, hierro o aluminio no son materiales adecuados para ello.

La convección

El calor por convección se propaga a través del aire y el agua, ya sea natural o mecánicamente. La convección natural ocurre cuando hay un movimiento circular en un líquido. Si se coloca una olla con agua sobre una estufa, el agua en el fondo de la cacerola se calienta y sube a la superficie; el agua más fría en la parte superior de la cacerola desciende creando un movimiento circular que finalmente calienta toda el agua.

La circulación natural del calor es mucho más lenta a través de líquidos espesos, por lo que las sopas y las salsas se deben mover a medida que se calientan, de lo contrario se pueden quemar en el fondo de la cacerola. Además, moverlas ayuda a calentar los alimentos más rápida y uniformemente. La convección mecánica utiliza ventiladores en los hornos y vaporeras de convección para que el aire o agua caliente se distribuya, y así, se cuezan los alimentos de manera uniforme.

La radiación

La radiación transfiere energía a través de ondas. Las dos más utilizadas en una cocina son la infrarroja y la de microondas. Las parrillas, tostadoras, hornos especiales y de transferencia de calor por infrarrojos, transfieren calor por medio de elementos eléctricos o cerámica que alcanzan una temperatura alta como para transferir ondas de energía a la velocidad de la luz, atravesando los alimentos para cocinarlos. Los hornos de microondas producen ondas de energía haciendo que las moléculas de agua de los alimentos se froten una contra la otra; tal fricción provoca que se propague el calor a través de los alimentos. Un material sin agua no se calienta en un horno de microondas, los platos sólo se calientan cuando el calor es conducido a éstos por la comida caliente que contienen.

Cambios al cocinar

Los cambios que ocurren al calentar los alimentos los vuelven seguros para su consumo, apetecibles, sabrosos y fáciles de digerir. El efecto de la cocción también cambia su color,

La gastronomía molecular

En la ciencia de los alimentos existen diferentes aspectos: la seguridad alimentaria, la microbiología, las técnicas de conservación, la química, la ingeniería y la física de los alimentos. La gastronomía molecular (el término gastronomía física y molecular fue creado por el físico húngaro Nicholas Kurti y el químico francés Hervé This en 1992) ha capturado la imaginación del mundo culinario. La gastronomía molecular se centra en los procesos químicos y físicos que ocurren en los alimentos mientras se cocinan. Antes de su aplicación no había ningún estudio científico formal dedicado a la tarea de cocinar en restaurantes o el hogar.

Los objetivos de la gastronomía molecular se enfocan en:
- Cómo los ingredientes cambian por métodos de cocción diferentes.
- Cómo los sentidos del ser humano juegan un papel en la apreciación de la comida (olor, vista, tacto y sonido).
- Cómo los métodos de cocción afectan el sabor y la textura de los ingredientes.
- Cómo la degustación de los alimentos se ve afectada por otros factores como: el medio ambiente, el estado de ánimo, la presentación y por quien prepara la comida.
- Desmitificar algunas prácticas culinarias como sellar obligadamente la carne para conservar los jugos de la misma; que el tiempo de cocción de una carne depende de su peso; o que se necesita agregar sal al agua cuando se cocinan vegetales con clorofila.

textura, aroma, sabor y valor nutritivo. El proceso de cocción de los alimentos afecta su color y los azúcares reaccionan con las proteínas para causar lo que se llama reacción de Maillard. Entre más se cueza la comida, más cambiará el color de la misma.

Si cocina un filete término inglés, éste conservará su interior de color rojo, pero si lo hace término bien cocido, su interior será gris. Los pigmentos en frutas y vegetales también cambian con la aplicación de calor. En ciertos métodos de cocina, el vinagre, el vino y el limón se agregan para ayudar a conservar su color.

Todos los alimentos contienen humedad; ésta se pierde a medida que los cocina: entre más largo sea el tiempo de cocción, habrá menos humedad. Por ejemplo, asar un filete a la parrilla elimina su humedad, por lo que la textura final será firme. Brasear un trozo de res descompone el tejido conectivo y coagula las proteínas, por lo que su textura se vuelve suave.

Diferentes métodos de cocción producen sabores diferentes; el rostizado los concentra, mientras que el estofado los extrae del producto. El valor nutricional de los alimentos crudos disminuye entre más tiempo se cocinen, y los diferentes métodos de cocción aceleran o retardan este proceso. Hervir los vegetales, por ejemplo, puede eliminar algunos de sus nutrientes. Cocer al vapor es el método más eficaz para retener la mayor cantidad posible de nutrientes.

Los tiempos de cocción

El tiempo de cocción es determinado por tres aspectos.

La **temperatura**, es decir, la de la grasa en una freidora, la del aire caliente en un horno o la de la superficie de un sartén.

La **velocidad de transferencia del calor** hacia el alimento dependerá del método de cocción. Cocer al vapor es eficaz para cocinar, pero el aire es un mal conductor de calor.

El **tamaño**, la **temperatura** y las **características** del ingrediente determinan la cocción. Un pequeño panecillo se hornea más rápido que un pan grande; un filete sacado directamente del refrigerador tarda más tiempo en cocerse que un filete a temperatura ambiente; mientras que las proteínas de los mariscos se cocinan más rápido que las de la carne roja.

Alimentos demasiado cocidos

Por lo general, cocinar hace que los alimentos sufran cambios favorables, pero el proceso de cocción se debe hacer correctamente para que el alimento conserve sus características benéficas para el cuerpo humano. Cocer los alimentos a exceso de temperatura o más del tiempo adecuado afecta su textura de manera no deseada, por lo que el producto quedará blando, duro o fibroso. Las proteínas cuajarán o endurecerán, el alimento se secará, el azúcar se quemará y sabrá amarga, las verduras perderán su color verde y los nutrientes se perderán.

15 **Práctica:** pruebe el sabor

Consiga dos pechugas de pollo con la piel intacta y sazónelas. Tome una y sofríala en la sartén hasta que la piel esté crujiente. Déle la vuelta y finalice la cocción en el horno.

Tome la segunda pechuga y cuézala a fuego lento en caldo de pollo hasta que esté lista. Ahora pruebe su sabor.

Es posible que le guste una más que la otra. Obviamente, la pechuga de pollo frita y horneada quedó con una textura crujiente y firme, mientras que el pollo cocido a fuego lento en caldo tendrá una textura casi gelatinosa en la piel, pero la carne será suculenta y jugosa. Dos pechugas de pollo, dos métodos de cocción distintos: el resultado es dos texturas y sabores diferentes.

16 **Práctica:** investigue lo mejor

Investigue quiénes son los chefs famosos que realizan cocina molecular; todos ellos son considerados los mejores chefs del mundo. Lea cómo se involucraron en las artes culinarias, la manera como diseñan sus menús y la comida que sirven en sus restaurantes. Esto le mostrará cuánta dedicación y esfuerzo les tomó alcanzar la cima profesional y desarrollar los diferentes estilos de cocina que trabajan.

La higiene en la cocina

Salir a comer es una de las mejores experiencias. Es el momento perfecto para relajarse, disfrutar de una gran conversación, celebrar un cumpleaños, llevar a cabo una reunión de negocios y disfrutar de buena comida, bien preparada y segura, en un ambiente limpio, y atendidos por personal agradable con buena presentación.

Los costos de las intoxicaciones alimentarias
• Demandas y pago de abogados
• Exposición negativa en los medios
• Pérdida de clientes y de ventas
• Aumento de primas de seguros
• Pérdida de la reputación del establecimiento
• Moral baja de los empleados
• Ausentismo de empleados

Grupos de alto riesgo
Son aquellas personas cuyo sistema inmunológico puede ser incapaz de combatir la enfermedad como lo harían personas en buen estado de salud o de diferente edad.
• Adultos mayores
• Bebés y niños en edad preescolar
• Mujeres embarazadas
• Personas con VIH/SIDA o cáncer
Los síntomas más comunes de enfermedades transmitidas por alimentos incluyen dolores abdominales, náuseas, vómitos y diarrea, a veces seguidos de fiebre alta. Estos síntomas pueden aparecer en cuestión de horas o incluso días después de consumir alimentos contaminados.

Es importante mantener los alimentos inocuos y saber qué afecta su seguridad, para evitar que la comida se convierta en un peligro potencial. Una intoxicación por alimentos es provocada por la comida que ingerimos. En general, la industria de alimentos y bebidas hace un gran trabajo al servir alimentos seguros para el público, sin embargo, todavía ocurren algunas intoxicaciones por alimentos que podrían enfermar a sus clientes y en el peor de los casos, causarles la muerte. Usted como aspirante a profesional de la cocina, juega un papel importante en el cuidado de los alimentos para que éstos sean inocuos, no sólo para usted, su familia y amigos, sino también para sus clientes potenciales. Si sabe y entiende los fundamentos de seguridad de los alimentos, entonces podrá prevenir los problemas relacionados con los mismos.

Formas de contaminación
Existen tres peligros principales en la preparación de los alimentos.
Los **contaminantes químicos** son los insecticidas y productos de limpieza, que accidentalmente pueden caer en los alimentos.
Los **contaminantes físicos** son introducidos por descuido al manipular alimentos; pueden ser trozos de vidrio, pelos o incluso banditas adhesivas.
Los **contaminantes biológicos** incluyen elementos tóxicos de origen natural. La principal causa de contaminación biológica son los diversos microorganismos causantes

de enfermedades conocidos como patógenos, responsables de hasta un 95 por ciento de todas las intoxicaciones alimentarias.

Patógenos en los alimentos
Las levaduras y mohos rara vez causan enfermedades transmitidas por alimentos. La contaminación viral es causada por deficientes prácticas sanitarias, tales como no lavarse las manos después de ir al baño o comer mariscos recolectados en aguas contaminadas. La mejor defensa contra los virus transmitidos por los alimentos es una buena higiene personal y la obtención de los mariscos de aguas certificadas.

Los parásitos son patógenos que se alimentan y refugian en otros organismos. Las amibas y varios gusanos como la *Trichinella spiralis*, se pueden encontrar en carne de cerdo mal cocida. Las bacterias son responsables de la mayoría de las intoxicaciones alimentarias. Requieren seis condiciones básicas para su crecimiento y

 18 ## Práctica: lavado de ollas

Retire las sobras de comida que se encuentren en las ollas y enjuáguelas. Para lavarlas a mano, use un fregadero de tres compartimientos. El agua para lavar debe estar a una temperatura de 34 ºC en el primer compartimiento, luego enjuague con agua limpia en el segundo compartimiento y desinfecte en el tercero entre los 24 ºC y los 46 ºC. Los lavavajillas automáticos tienen que correr el ciclo completo de lavado, y desinfectar el equipo correctamente.

17 ## Práctica: lávese las manos adecuadamente

Siempre debe lavarse las manos antes y después de manipular alimentos crudos, entre la realización de tareas, antes de ponerse los guantes desechables, antes de utilizar el equipo de preparación y después de la eliminación de la basura o la limpieza de las mesas de trabajo. Mójese las manos y los antebrazos con agua potable que esté a una temperatura mínima de 38 ºC, aplique jabón para manos y frótese las manos, los brazos y las uñas durante 15 segundos. Enjuáguese el jabón con agua caliente y séquese con toallas de papel o aire caliente.

19 Práctica: compruebe la inocuidad de los alimentos

Para convertirse en un profesional de la cocina, debe desarrollar un gran paladar y debe probar todo lo que hace antes de servirlo a la familia, amigos o clientes. Nunca use los dedos cuando pruebe la comida y establezca una estación de degustación. Si utiliza cucharas de metal, lávelas cada vez que pruebe algo o use cucharas desechables y tírelas inmediatamente después de usarlas; nunca vuelva a introducirlas en la comida.

reproducción: comida, humedad, acidez, temperatura, tiempo y oxígeno (algunas). Para ayudarle a recordar estas condiciones, recuerde el acrónimo "CHATTO". Hay muchos alimentos que proporcionan condiciones adecuadas para que las bacterias crezcan, y a estos se les denomina alimentos potencialmente peligrosos. Estos alimentos son las carnes, el tofu, productos lácteos, algunos vegetales, pastas, granos, arroz y frijoles cocidos.

La contaminación cruzada ocurre cuando bacterias que causan enfermedades se transmiten de una superficie contaminada a otra. Una excelente higiene personal y buenas técnicas de trabajo son la mejor defensa contra esta contaminación.

Control del tiempo y de la temperatura

Una vez que los microorganismos patógenos contaminan un alimento pueden prosperar ahí o ser destruidos, dependiendo del tiempo que permanezcan en el rango de temperatura de peligro (temperatura idónea para que se desarrollen), entre 5 y 57 °C. La mayoría se destruyen o no se reproducen en temperaturas por encima de los 57 °C. Almacenar la comida a temperaturas inferiores a los 5 °C reduce el ciclo de reproducción de las bacterias. Los alimentos que se dejan en el rango de temperatura de peligro durante periodos de más de cuatro horas pueden causar intoxicación alimentaria.

Los refrigeradores y congeladores deben limpiarse regularmente y la comida debe rotarse conforme se utiliza. Mantenga los productos crudos alejados de los alimentos cocinados para evitar la contaminación cruzada y los alimentos secos almacenados en áreas limpias y bien ventiladas, lejos del suelo.

La higiene personal

Una buena higiene personal previene la mayoría de las intoxicaciones. Esto significa que debe ducharse antes de trabajar y mantener su cabello limpio en todo momento. Use un gorro y, si tiene su cabello largo, átelo hacia atrás asegurándose de cubrirlo. Use ropa limpia todos los días, cambie su delantal cuando esté sucio, y

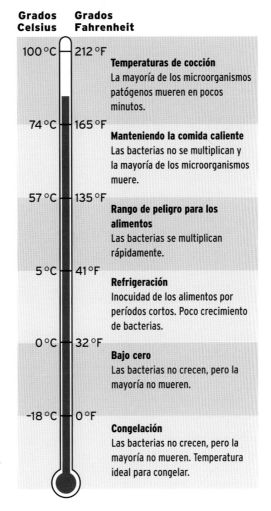

Grados Celsius / Grados Fahrenheit

100 °C — 212 °F

Temperaturas de cocción
La mayoría de los microorganismos patógenos mueren en pocos minutos.

74 °C — 165 °F

Manteniendo la comida caliente
Las bacterias no se multiplican y la mayoría de los microorganismos muere.

57 °C — 135 °F

Rango de peligro para los alimentos
Las bacterias se multiplican rápidamente.

5 °C — 41 °F

Refrigeración
Inocuidad de los alimentos por períodos cortos. Poco crecimiento de bacterias.

0 °C — 32 °F

Bajo cero
Las bacterias no crecen, pero la mayoría no mueren.

-18 °C — 0 °F

Congelación
Las bacterias no crecen, pero la mayoría no mueren. Temperatura ideal para congelar.

quíteselo cuando saque la basura o vaya al baño. No use joyas en las manos y los brazos. Lávese las manos frecuentemente, especialmente después de ir al baño. Use guantes, pinzas o papel encerado cuando manipule alimentos listos para servir.

La estación de trabajo

Es esencial mantener limpias las áreas de trabajo: mesas, paredes, almacén y contenedores de basura. El equipo y las superficies (cuchillos, tablas para picar, entre otros) que entran en contacto con los alimentos se deben limpiar y desinfectar antes y después de su uso.

Cuchillos, utensilios esenciales

Al igual que un artista necesita pintura y pinceles o un fotógrafo necesita una cámara, un cocinero profesional necesita utensilios de buena calidad. El juego de cuchillos que elija será muy importante, pues a medida que trabaje con ellos, se convertirán en una extensión de sus propias manos.

Forme su equipo básico

Cuando adquiera su primer juego de cuchillos, compre sólo los básicos que utilizará todos los días. A medida que trabaje en una cocina profesional o en la escuela de cocina, su equipo de cuchillos crecerá e incluirá cuchillos especiales que estén destinados a trabajos específicos.

1 Cuchillo de chef
Este es un cuchillo multiusos de trabajo general; se utiliza para cortar, rebanar y picar. La hoja mide normalmente entre 20 y 30 cm de largo.

2 Cuchillo mondador
Es mucho más corto que el cuchillo de chef. Mide entre 5 y 10 cm de largo, y se utiliza para cortar vegetales y frutas.

3 Cuchillo deshuesador
Se utiliza para retirar el hueso de las piezas de carne gracias a que posee una hoja bastante rígida. Por lo general mide 15 cm de largo y es más delgado que el cuchillo de chef.

4 Cuchillo filetero
Con una hoja fina y muy flexible, se usa para filetear pescado y otras carnes. Mide aproximadamente 15 cm de largo.

5 Espátula
Tiene una hoja flexible sin filo, la cual se utiliza para esparcir rellenos, cubiertas y glaseados.

6 y 7 Chairas
Estos utensilios se utilizan para mantener afiladas y alineadas las hojas de sus cuchillos después de afilarlos en la piedra (ver prácticas 21 y 22).

8 Pelador
Se utiliza para retirar la piel de varios vegetales y frutas.

Partes principales del cuchillo

Existen tres partes principales en la hoja del cuchillo que pueden ser utilizadas para diferentes tareas: la punta, la parte central y el talón. La punta es la parte más delgada y estrecha del cuchillo; se usa para cortar objetos pequeños o delicados; la parte central sirve para la mayoría del trabajo, y el talón, la parte más gruesa y más pesada del cuchillo, sirve para picar piezas más grandes o resistentes.

20 Práctica: conozca las partes de su cuchillo

Reconozca las distintas partes del cuchillo y las características que debe buscar cuando compre un cuchillo de buena calidad.

La hoja
Elija un cuchillo con hoja de acero al carbono para mantener su filo en buenas condiciones. Asegúrese de que ésta sea forjada a partir de una sola pieza de metal.

La espiga
Es la continuación de la hoja, que se extiende dentro del mango del cuchillo.

Los remaches
Los remaches sujetan la espiga al mango; deben ser planos y estar al ras de la superficie del mango.

El mango
Los mangos hechos a partir del la madera palo de rosa son los mejores por su dureza y resistencia; sin embargo, muchos mangos están hechos de otras maderas con recubrimiento plástico remachado en la espiga (como el aquí mostrado).

El refuerzo
Una de las características de un buen cuchillo, es tener un refuerzo que lo mantenga estable y evite que su mano se deslice por la hoja.

21 Práctica: afile un cuchillo

Lubrique la parte más áspera de la piedra con agua o aceite mineral. Siempre afile el cuchillo en la misma dirección.

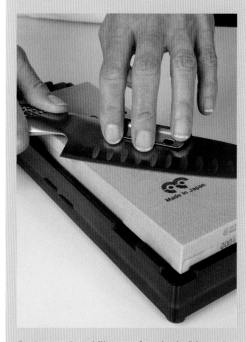

Sostenga el cuchillo a un ángulo de 20 grados y deslice todo el filo por la superficie de la piedra. Repita diez veces este movimiento en cada lado de la hoja. Voltee la piedra, lubrique con agua o aceite la superficie más suave y repita los mismos movimientos. Finalmente, lave y seque su cuchillo antes de usarlo.

22 Práctica: use una chaira

Utilice una chaira después de usar la piedra afiladora para mantener el filo de su cuchillo en buenas condiciones. Cuando utilice la chaira, mantenga el cuchillo en el mismo ángulo y ejerza una presión uniforme. Repita los movimientos en el lado opuesto del cuchillo para enderezar el filo correctamente.

1 Sostenga la chaira con el pulgar y los dedos detrás del mango de seguridad. Coloque el talón en la parte inferior de la chaira.

2 Con el cuchillo a un ángulo de 20 grados, presione uniformemente y deslice a lo largo de la chaira para que todo el filo la toque.

3 Continúe hasta la punta del cuchillo. Repita los pasos del otro lado la hoja. Basta con cinco deslizamientos de cada lado.

Advertencia: tómese su tiempo y no lo haga con prisa, ganará velocidad con la práctica.

23 Práctica: ensaye las formas básicas de sostener el cuchillo

No importa que usted sea zurdo o diestro, una mano controlará el cuchillo, mientras que la otra (la mano guía) controlará lo que se está cortando.

Su mano guía
Sujete firmemente el elemento que cortará y doble las puntas de sus dedos hacia adentro, fuera del alcance de la hoja del cuchillo, asegurándose de que, al cortar, el cuchillo se deslice por los nudillos. Esta posición de los dedos es muy importante, ya que controla el corte y mantiene su mano segura.

Cómo sostener el cuchillo
Sujete el mango del cuchillo, pero mantenga los dedos pulgar e índice sobre la hoja. Esto podría sentirse extraño al principio, pero proporciona un gran control sobre la hoja. Sostenga el cuchillo con una mano. La otra mano (la mano guía) sostendrá aquello que esté cortando.

1 Antes de empezar, forme una garra con su mano. Siéntase cómodo con esta postura antes de tomar el cuchillo.

2 Con la mano en forma de garra, sostenga el elemento que cortará y deslice el cuchillo, con sus nudillos como guía.

Utensilios básicos

Para tener éxito en cualquier cocina, necesita conocer todo el equipo que utilizará día a día. La mayoría de los utensilios manuales son de acero inoxidable, aluminio o plástico.

Batería de cocina

- Una budinera es un recipiente ancho con paredes de 15 a 20 cm de altura. Buena para brasear y estofar.
- Una olla es un recipiente grande de paredes altas, utilizado principalmente para hacer fondos y sopas.
- Una cacerola es un utensilio similar a una olla, sólo que más pequeña.
- Un cazo es más pequeño que una olla y tiene un mango.
- Una cacerola para baño María es un par de recipientes que se ajustan uno encima del otro, para llenar con agua el recipiente inferior. Sirve para cocer alimentos que requieren un calor suave.
- Una cacerola de bordes inclinados es un recipiente con paredes altas e inclinadas, que facilitan la tarea de vaciar las preparaciones.
- Una cacerola baja es un utensilio con paredes rectas más bajas que las de una cacerola; se utiliza para freír y saltear.
- Un *wok* es un sartén grande de acero con forma de cuenco. Se utiliza principalmente para saltear.
- Un sartén de hierro fundido es pesado y grueso, para soportar altas temperaturas.
- Una charola para hornear es una bandeja grande, hecha de metal y rectangular. Sus lados miden de 5 a 12 cm de altura.

Al igual que su juego de cuchillos, debe elegir sabiamente los utensilios manuales y comprarlos de buena calidad para que duren toda la vida. Una cocina profesional tiene una gran variedad de utensilios de cocina; la elección de una buena olla o un sartén puede ser fundamental para el éxito del plato. Una olla es más alta que ancha, mientras que un sartén es más ancho que alto. Los mejores utensilios de cocina son los fabricados con materiales conductores de calor, como el cobre, el acero inoxidable y el aluminio. La ollas o sartenes que elija, fabricados con cualquier material, deben estar bien hechos, gruesos y pesados, con remaches y soldaduras fuertes que sostengan firmemente sus asas o mangos. Los utensilios hechos con metales delgados se deformarán y harán que los alimentos se cuezan irregularmente.

El cobre

El cobre se utiliza en las mejores cocinas por ser un excelente conductor del calor y cocer los alimentos uniformemente; pero es muy caro, debe limpiarse continuamente, y puede provocar reacciones químicas tóxicas con ciertos alimentos; por ello, muchas cacerolas de cobre están recubiertas de acero inoxidable.

El acero inoxidable

Los utensilios de acero inoxidable son más baratos y más ligeros que los de cobre, pero son malos conductores del calor y no lo transfieren de manera regular, quemando las preparaciones o no cociendo uniformemente. Los mejores utensilios de acero inoxidable tienen bases de cobre o níquel que conducen mejor el calor.

El aluminio

Es un buen conductor del calor, cuesta menos que el cobre y el acero inoxidable y es uno de los materiales más utilizados en las cocinas profesionales de todo el mundo.

Otras herramientas de cocina

Tazones. Los hay de muchos tamaños y se utilizan para mezclar y almacenar productos. Por lo general están hechos de acero inoxidable.

Tazas y cucharas medidoras. Se encuentran de diferentes tamaños y son adecuadas para utilizarse en casa y en cocinas profesionales.

Básculas. Existen de muchos tipos y tamaños; las hay mecánicas, de resorte o electrónicas con lectura digital, y son indispensables para medir ingredientes de todo tipo, y para determinar las porciones de las preparaciones.

Termómetros. Son esenciales en la cocina para la segura manipulación de los alimentos durante la cocción, la conservación y la refrigeración. Sirven para verificar los platillos que necesitan un punto de cocción específico, y cuya temperatura interna necesita ser verificada. El rango de temperatura generalmente va de los -17 ºC a los -104 ºC. Los termómetros electrónicos registran temperaturas muy precisas. Los termómetros de rayo láser se utilizan para medir la temperatura de los alimentos sin tocarlos; su inconveniente es que sólo miden la temperatura de la superficie y no la interna.

Mandolina. Es un práctico utensilio de cocina que rebana la comida cortándola con una cuchilla fija muy afilada, que se puede ajustar para obtener rebanadas gruesas o delgadas, o cortes como la juliana.

24 Práctica: experimente con una mandolina

Una mandolina es una utensilio manual para cortar, hecho de acero inoxidable o plástico, con láminas ajustables de corte. Se puede utilizar para hacer juliana y rebanadas en forma de *waffle*. Deslice los alimentos a lo largo de la hoja para cortar rebanadas uniformes. Utilice el protector de mano.

1 Corte el vegetal a un tamaño que pueda manipular fácilmente.

2 Coloque los vegetales debajo del protector y, con movimientos uniformes, deslice el vegetal de arriba a abajo por la hoja de la mandolina.

25 Práctica: utilice una estera de bambú para hacer sushi

La cocina japonesa la caracterizan el arroz y el pescado, que combinados forman el sushi. Esta especialidad se originó como una manera de conservar el pescado en los barcos pesqueros, salándolo y envolviéndolo en arroz con vinagre. Para elaborarlo necesitará arroz para sushi cocido, rellenos, hojas de alga *nori* y una estera o tapete de bambú.

1 Coloque una hoja de alga *nori* en la estera, moje sus manos con agua fría y esparza el arroz en dos tercios de la hoja.

2 Coloque las tiras del relleno en el centro del arroz.

3 Levante la esquina de la estera y enrolle de manera firme; humedezca su dedo y páselo a lo largo del alga *nori* para cerrar el rollo.

4 Moje el cuchillo y corte el rollo para obtener seis u ocho piezas; limpie y humedezca el cuchillo entre cada corte.

26 Práctica: realice una cubierta de papel encerado o siliconado

Utilizar una cubierta de papel (*cartouche*) ayuda a cocer uniformemente las verduras, arroces, estofados, y pescados delicados. Es fácil de hacer y sólo necesita un trozo de papel encerado o siliconado. Cuando la realice, barnícela o frótela ligeramente con mantequilla o aceite de oliva.

1 Haga un cono con un trozo de papel encerado o siliconado realizando cuatro pliegues hacia dentro.
2 Con unas tijeras de cocina corte un pedazo pequeño de la punta.
3 Corte el cono del tamaño del radio del sartén.
4 Ábralo y obtendrá un círculo para cubrir la parte superior de la sartén, con un pequeño agujero en el centro, para dejar salir el vapor.

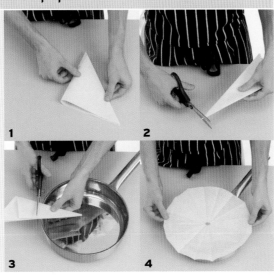

Equipo para colar.

Hay de formas y tamaños diferentes para diversos usos en la cocina.
• Un colador chino tiene forma de cono invertido con una malla gruesa o fina. Es utilizado para eliminar los grumos de las salsas.
• Una coladera tiene forma de cuenco grande y sirve para escurrir verduras cocidas u hojas para ensalada después de haberlas lavado.
• Un pasapurés es un tamiz metálico cilíndrico con un pistón que presiona los alimentos a través de pequeños orificios. Ideal para elaborar puré de papas.
• Un tamiz es un bastidor circular con una malla muy fina para cernir grandes cantidades de ingredientes secos o colar purés.

27 Práctica: utilice un pasapuré

Un pasapuré se utiliza para hacer puré los alimentos y colarlos al mismo tiempo. Una manija hace girar una hoja que empuja la comida a través de un disco perforado. La mayoría de los pasapurés tienen varios discos con agujeros de diferentes tamaños. Asegúrese de elegir uno que se desarme fácilmente para que su limpieza sea sencilla.
Coloque los alimentos en el pasapuré sobre un tazón, gire la manija, y el producto saldrá hecho puré.

Los aparatos eléctricos

La cocina actual cuenta con una amplia gama de equipo eléctrico que facilita la labor durante la producción. El reto consiste en seleccionar el equipo adecuado para el trabajo.

Reglas de seguridad del equipo eléctrico

1 Nunca utilice un equipo hasta que usted esté totalmente capacitado para ello. Debe ser supervisado cuando lo opere por primera vez. También necesita ser capacitado para saber cómo desarmar el equipo, limpiarlo y armarlo nuevamente para su correcto funcionamiento.

2 Los interruptores de seguridad están diseñados para su protección y la operación segura del aparato. Si un aparato requiere de protección especial mientras se opera, NUNCA use el equipo sin esta protección.

3 SIEMPRE desconecte el equipo eléctrico cuando no lo use, y desconéctelo antes de limpiarlo o desmontarlo.

4 Si un aparato no funciona, nunca intente repararlo usted mismo. Reporte el problema a su supervisor de inmediato. Asegúrese de desconectar el aparato de la corriente eléctrica y de dejar un aviso indicando cuál es el problema.

Desde moler, rebanar, mezclar, hacer puré o hasta preparar pasta fresca, bebidas calientes y glasear donas, la tecnología ofrece nuevas herramientas para simplificar los procesos culinarios. Esta sección trata de los utensilios y equipo eléctrico básico que utilizará en una cocina profesional y posiblemente también en casa.

Muchas tareas que en el pasado se hacían en la cocina manualmente, ahora se hacen rápida y eficientemente con equipo eléctrico moderno. Su fin, es ahorrar trabajo, ya que usualmente se requieren para procesar grandes cantidades de comida a la vez. Si usted, por ejemplo, tiene sólo un pequeño número de zanahorias por cortar, es más eficiente hacerlo a mano que montar el equipo para cortarlas y desmontarlo para limpiarlo, por no mencionar el armarlo de nuevo; por esta razón es importante desarrollar excelentes habilidades manuales. A pesar de su gran utilidad, el equipo se debe manejar con cuidado, ya que puede quemar, cortar, romper, lastimar seriamente o hasta amputar partes de su cuerpo. Las advertencias no son para asustar, sino para inculcar un respeto por los procedimientos de operación y requisitos de seguridad del equipo eléctrico.

Procesadores de alimentos hacen más fácil ciertas tareas como moler, hacer puré y mezclar. Hay procesadores de distintos tamaños y

Cortar alimentos de manera uniforme
Una rebanadora de alimentos es muy útil para cortar los alimentos de manera más uniforme que si se cortan a mano. Se tiene mejor control de las porciones y reduce la cantidad de residuos.

diferentes velocidades, pero todos incluyen accesorios para cortar y triturar. Se adaptan fácilmente a las mesas y cocinas de cualquier tamaño.

Licuadoras. Trituran, mezclan, hacen puré y licuan los alimentos mediante cuchillas que giran a alta velocidad. Existen dos diseños básicos para la cocina profesional: el primero, cuenta con una base motorizada que sostiene un vaso o contenedor; las aspas se ubican en la parte inferior del vaso, dentro del cual se introduce el alimento y se cubre con una tapa para que el contenido no se derrame cuando el equipo esté encendido. El segundo, llamado licuadora de inmersión, procesador manual o brazo, puede ser de una sola pieza o dos; dependiendo de su tamaño, consta de una extensión con aspas en la punta. Para usarlo, se introduce en el recipiente donde se preparó el alimento que se desea licuar, por ejemplo una olla de sopa. Ambas licuadoras son fáciles de limpiar y almacenar.

Batidoras. Se pueden encontrar modelos para mesas de trabajo, cuya capacidad oscila entre los 5 y 20 litros, y modelos industriales, que pueden alcanzar hasta 133 litros. Algunas batidoras permiten usar diferentes tamaños de tazones y accesorios para diversas tareas, tales como amasar masas para panes, batir crema, preparar mayonesas o masas para dulcería o pastelería.

Rebanadoras. Es muy importante capacitarse en el uso de una rebanadora antes de usarla. Este artefacto utiliza una cuchilla giratoria para

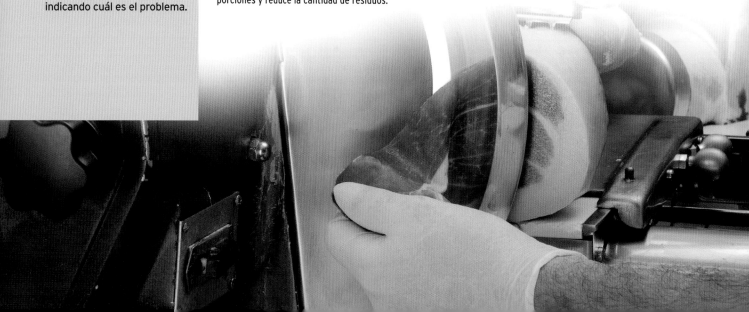

cortar los alimentos de forma uniforme, ya sea gruesa o fina. Un dispositivo sujeta los alimentos en la posición deseada, por lo que sus manos se mantienen protegidas mientras la máquina está en operación. Las rebanadoras pueden causar lesiones fácilmente, así que tenga mucho cuidado cuando las utilice, las arme o las limpie.

Molinos de carne Un molino o triturador de carne es una máquina independiente o un accesorio en un procesador de alimentos o una batidora, que muele carne y otros ingredientes para obtener productos con texturas gruesas o finas que se utilizan en la preparación de patés, salchichas y terrinas. El ingrediente se pasa por un tubo con una cuchilla giratoria, que a su vez lo empuja a través de unos orificios que pueden ser de diferentes tamaños para obtener distintas texturas. Utilice siempre el accesorio incluido en estos aparatos para empujar la comida por el tubo, nunca use las manos.

Picadoras. Una picadora es una máquina que corta grandes cantidades de alimentos. La máquina tiene un tazón giratorio donde se coloca el alimento. Una vez encendido, el plato pasa por una serie de cuchillas giratorias que cortan la comida en trozos pequeños.

Freidoras. Sirven para freír los alimentos rápidamente, sumergiéndolos en aceite muy caliente. Existen tres modelos: estándar, que funciona con gas o electricidad; automática, que elimina automáticamente los restos de alimentos en el aceite cada cierto tiempo; y de presión, que fríe los alimentos bajo presión con mucha rapidez, incluso a bajas temperaturas.

Hornos de microondas. Éstos tienen emisores especiales que generan radiación en microondas y producen calor en el interior de los alimentos. En la sección "El calor en los alimentos", se analiza con más detalle cómo cocina un microondas (ver página 18).

Batidoras industriales
Son ideales para mezclar grandes cantidades de masa.

28 Práctica: mezcle ingredientes

Encontrará que una batidora es una herramienta indispensable en la cocina profesional o en el hogar. Practique con los tres accesorios más comunes: el batidor globo (para batir claras de huevo, cremas y espumas), la paleta (para mezclar) y el gancho (para amasar el pan).

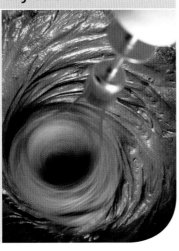

29 Práctica: conozca los electrodomésticos

Existen diferentes fabricantes de un mismo electrodoméstico, así que es importante familiarizarse con ellos. Por ejemplo, todos los procesadores de alimentos muelen, hacen puré y mezclan alimentos usando el mismo principio. Cada modelo es un poco diferente, aunque sólo difiera en la ubicación de los interruptores. Es posible que haya dos o tres electrodomésticos en una cocina comercial. Es importante saber cómo funciona cada uno y cuáles accesorios utiliza.

30 Práctica: use una freidora

La palabra *tempura*, que se refiere a rebosar pescados y verduras en una masa ligera para después freírlos, proviene de la palabra *tempora*, que en latín significa "tiempo". Fue un término utilizado por misioneros españoles y portugueses para referirse a los Días Santos, cuando no se podía comer carne roja, y a los cristianos sólo se les permitía consumir pescados y verduras.

Ingredientes
- 1 huevo
- 1 taza de agua mineral fría
- 1 taza o 140 g de harina
- ½ cucharada de sal
- Verduras mixtas (champiñones, brócoli y calabazas) rebanadas
- Camarones limpios y pequeños o trozos de pescado

Bata los huevos y añada el agua mineral. Incorpore la harina batiendo ligeramente (no importa que queden algunos grumos, pues si se bate demasiado, la mezcla resultaría con una consistencia no deseada al activar el gluten del trigo). Sumerja los trozos de verdura en la masa, cubriéndolos bien, y fríalos en la freidora hasta que se doren ligeramente; retire del aceite. Repita este procedimiento con los camarones y el pescado. Una vez listos, sírvalos calientes con un aderezo.

Las estufas y el equipo de cocina

Las estufas son el equipo más importante en cualquier cocina. Sin calor no se pueden preparar y cocer muchos de los platillos que se sirven en un restaurante o en el hogar.

La mayoría de estufas y hornos funcionan con gas o electricidad. La parte superior de la estufa presenta diferentes elementos para la cocción de los alimentos; en las cocinas profesionales, éstos pueden ser hornillas o planchas.

El horno normalmente se encuentra en la parte inferior de la estufa y puede ser convencional, de convección o mixto.

Atrás han quedado los días cuando los cocineros entraban a la cocina por la mañana y prendían el equipo para mantenerlo caliente todo el día. El costo actual de la energía ha hecho obsoleta esta práctica en casi todas las cocinas; además, el equipo que se utiliza hoy en día requiere menos tiempo para calentarse. Actualmente, en la cocina se planea la producción para que los equipos que requieren mucha energía no estén funcionando durante largos períodos, sobre todo cuando no se utilizan. Como aspirante a cocinero profesional, usted necesita conocer los tiempos de precalentamiento de los equipos en su cocina, para prenderlos en el momento en que se requieran.

Hornillas

Pueden ser eléctricas o funcionar con gas. Se calientan rápido y deben apagarse inmediatamente después de usarlas. Cada hornilla se limita a calentar una olla o sartén, y una estufa generalmente tiene seis hornillas.

Planchas

Las planchas están hechas de una placa pesada de hierro fundido. Pueden cubrir toda la parte superior de una estufa, de esa forma, existe más espacio disponible para colocar utensilios que en las hornillas. El centro de la plancha es el punto más caliente y la periferia el más frío. Una plancha gruesa requiere precalentamiento.

Placas de inducción

La parte superior de la misma no se calienta, ya que funciona de forma magnética, agitando las moléculas de acero, níquel, hierro y de las aleaciones de ollas y sartenes. Esto significa que no hay superficies calientes o llamas prendidas y no es necesario el precalentamiento, por lo tanto, consumen menos energía. Su desventaja es que son muy caras y requieren de utensilios de cocina especiales.

Hornos

Los **hornos convencionales** funcionan con la calefacción del aire en un compartimiento cerrado. Es necesario precalentarlos asegurándose que el piloto esté encendido antes de abrir completamente la perilla del gas.

El **horno de convección** tiene ventiladores que hacen circular el aire caliente por todo el horno. Los alimentos se cuecen más rápido, de manera uniforme y a temperaturas más bajas que en un horno convencional. Cuando hornee, atienda los tiempos de cocción y reduzca la temperatura entre 14 y 28° C con relación a la temperatura utilizada para un horno convencional.

El **horno mixto** combina calor por convección y vapor de agua para cocer los alimentos. Este

Trabajo en línea
Es un término utilizado cuando se cocina en la estufa al momento de terminar los platillos. Requiere rapidez, por lo tanto, es esencial desarrollar habilidades para lograrlo.

31 Práctica: la intensidad del fuego

Pruebe hervir los alimentos a diferentes temperaturas: hervir a fuego alto significa cocer en un líquido que está en ebullición a los 100 °C. Si baja el calor entre los 85 y 96 °C, estará cociendo a fuego bajo. Y si la temperatura es entre los 71 y 82 °C, estará pochando los alimentos. Note la diferencia: hervir a fuego alto es un método utilizado para cocer verduras, carnes y vegetales con almidón, mientras que hervir a fuego bajo y pochar se reserva para cocer alimentos delicados como el pescado o los huevos.

32 Práctica: jitomates rostizados

Esta es una receta fácil de preparar y muy sabrosa. Retire las semillas a unos jitomates, córtelos en mitades y colóquelos en una charola para hornear. Mezcle aceite de oliva con ajo picado, cebolla, albahaca, orégano y tomillo; espolvoree esta mezcla sobre los jitomates, añada sal y pimienta, y hornéelos a una temperatura de 135 °C por 1 o 2 horas. Estos jitomates son ideales para ensaladas, pasta o para servir sobre pan tostado.

horno se conoce también como horno "combi". La humedad del vapor reduce en gran medida el tiempo de cocción. Este horno tiene la función de poder utilizarse como un horno de convección, en el modo mixto, o únicamente como generador de vapor.

El **horno termocirculador**. Diseñado para cocer los alimentos a temperaturas bajas, entre los 82 y 107 °C. Este tipo de aparato es ideal para cocinar grandes piezas de carne, como un costillar de res o un pavo, ya que a temperaturas bajas los alimentos se encogen menos. Se puede programar el horno para que al terminar la cocción, éste cambie a modo de espera, lo que mantiene los alimentos a la temperatura deseada.

Los **hornos de microondas** funcionan mediante la radiación de los alimentos con microondas, esto hace que las moléculas de agua vibren y generen calor para cocinar los alimentos. Debido a su reducida capacidad, estos hornos se utilizan principalmente para calentar y descongelar porciones individuales.

Cocer al vapor

Las **vaporeras** calientan agua hasta el punto de vaporización para calentar los alimentos. Es un método de cocción por líquido ideal para verduras y estofados en los que se desea una textura suave.

Las **vaporeras de convección** cuecen los alimentos con vapor caliente mediante ventiladores ubicados dentro de la vaporera.

33 **Práctica:** utilice el horno

Es importante que practique las técnicas de horneado y rostizado lo más que pueda, la sutil diferencia entre ellas es necesaria cuando realice su menú. Por ejemplo, un pollo puede ser descrito como rostizado (cocinado sin estar cubierto, obteniendo una textura dorada), mientras que una lasaña puede ser descrita como horneada (cocinada cubierta, guardando su humedad). El pan recién horneado es un éxito en cualquier restaurante y en el hogar.

Las **vaporeras de presión** son cámaras que encierran el vapor y cocinan los alimentos con rapidez debido al aumento de presión y a que conservan mayor cantidad de energía térmica. Necesitan liberar la presión antes de ser abiertas. Son ideales para establecimientos que cocinan en grandes cantidades.

Las **salamandras y parrillas** cuecen los alimentos mediante calor radiante. Necesitan una fuente radiante por encima de los alimentos para rostizarlos, gratinarlos o cocerlos. Una parrilla tiene la fuente calor radiante por debajo de los alimentos. Se puede utilizar energía eléctrica para producir el calor, una llama de gas, piedras calientes, o carbón, que le da un sabor ahumado a los alimentos.

Una cocina profesional
Puede ser intimidante entrar en una cocina profesional por primera vez, debido a la gran variedad de equipo, el número de ollas y sartenes diferentes y su distribución. Por esta razón, es importante conocer el equipo, sus procedimientos de operación, sus características de seguridad y los ajustes de temperatura para evitar lesiones y garantizar la correcta preparación de alimentos, además de su inocuidad.

2

Fondos, salsas y sopas

Hacer un buen fondo se considera como una de las grandes pruebas para el cocinero. Un fondo es la base de sopas, salsas, estofados y muchas otras preparaciones. Prepararlo es la habilidad más básica en una cocina, y usted necesita practicar una y otra vez para perfeccionarlo aprendiendo qué elementos son necesarios para obtener un buen sabor.

Las sopas cada día son más populares entre los clientes, tal vez debido a la conciencia de la nutrición, o simplemente por un deseo de comer platillos ligeros, llenos de sabor, que satisfagan al paladar más exigente.

Muchos cocineros consideran a las salsas como el toque final de muchos platos; a menudo, cuando se come fuera, la salsa servida con la carne o el pescado es el sabor más recordado. Una salsa bien hecha no domina o reemplaza el sabor del ingrediente principal, sino que resalta su sabor y lo complementa. En esta sección aprenderá a preparar las salsas básicas y sus espesantes básicos como el *roux*, productos con fécula o purés, además de algunas de las especias y hierbas utilizadas en la cocina. Todos estos son fundamentos necesarios para convertirse en un buen profesional culinario. Aprenderá por qué los fondos, las sopas y las salsas son tan importantes para su menú y por qué las técnicas básicas de su preparación son fundamentales para crear una gran variedad de exquisitos platillos.

Las especias

Las especias son compuestos aromáticos obtenidos a partir de frutos, cortezas, semillas y raíces de diferentes plantas. Se utilizan en la cocina para darle sabor a los platos salados o dulces, sin aportar grasa ni calorías. Las especias provienen de todas partes del mundo, se pueden comprar frescas, pero generalmente se comercializan secas.

Mientras las especias estén secas o enteras mantendrán su sabor entre seis y nueve meses si las almacena correctamente en recipientes con tapas, en un lugar fresco y fuera de la luz directa del sol. Una vez almacenadas, es necesario utilizarlas lo más pronto posible, ya que pierden su sabor rápidamente.

Es buena idea añadir especias secas al empezar a cocinar para que sus sabores se desarrollen mientras prepara un platillo. En algunos casos, como el curry indio, las especias se procesan primero para que desarrollen sus aromas y luego se muelen antes de añadirlas al platillo. Para usar las especias correctamente y obtener sabores complejos, se necesita paciencia y práctica. Como aspirante a profesional de la cocina, lo primero que debe aprender es la combinación de aromas posibles con la ayuda de las especias, tales como la espinaca con nuez moscada o la vainilla con la manzana. Después de aprenderlo no tenga miedo de experimentar nuevas combinaciones; sin embargo, tenga en cuenta las siguientes instrucciones:

Instrucciones para el uso de especias

- Nunca disfrace el sabor o aroma de un ingrediente principal con una especia.
- Controle el número de especias que utilice para no saturar el paladar.
- No utilice las especias para enmascarar el sabor de productos de mala calidad.
- Use las especias con moderación y pruebe el platillo mientras está sazonándolo.

34 **Práctica:** tueste las especias

Para liberar el sabor de las especias, caliente un sartén antiadherente a fuego bajo. Añada las especias y tuéstelas hasta que liberen su aroma, sin dejar de moverlas para tostarlas uniformemente y para que no se quemen. Una vez tostadas, páselas a un recipiente y deje que se enfríen antes de utilizarlas.

Especia	Forma	Uso
pimienta gorda (1)	entera/molida	aderezos, carne asada, adobos
anís (2)	entero/molido	cocina asiática, repostería
cardamomo (3)	molido	arroz, repostería, panadería
chiles (4)	picados/molidos/en polvo	carnes, vegetales, salsas, moles
canela (5)	entera/molida	Repostería
galanga (6)	entero/molido	cocina asiática
macis (7)	molido	cocina asiática
pimienta negra (8)	molida	platos de carne y vegetales
azafrán (9)	entero/molido	arroz, panadería, sopas
tamarindo (10)	molido/picado	encurtidos, salsas, bebidas
wasabi (11)	rallado	salsas, aperitivos

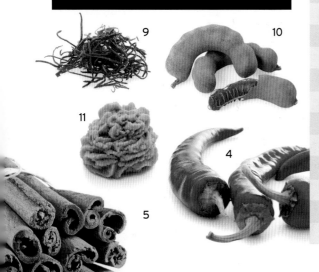

35 Práctica: muela las especias

Use un mortero o molcajete para moler las especias después de tostarlas. Si son grandes cantidades, puede utilizar un pequeño molino eléctrico para café, pero destinado para las especias únicamente. Si usted no tiene a la mano mortero, molcajete o molino de café, ponga las especias en una bolsa, coloque una toalla de papel sobre ella y aplástelas con un rodillo o una olla pesada.

36 Práctica: pique chile fresco

Existen muchas variedades de chiles que difieren en el color, el sabor y el picor. La mayor parte del picor está contenido en las semillas y las venas. Si su piel es muy sensible, recuerde SIEMPRE usar guantes o lavarse las manos completamente después de manipular chiles, ya que si toca con las manos áreas de su cuerpo como los ojos, podría provocarle ardor.

1 Con el cuchillo mondador corte los chiles a lo largo por la mitad. Retire las semillas, venas y rabo.

2 Corte el chile en tiras finas y posteriormente córtelo en cubos pequeños.

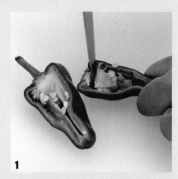

1

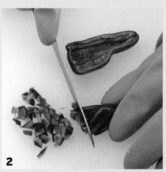

2

37 Práctica: pique jengibre fresco

La mayoría de las recetas requiere utilizar una porción de jengibre que no rebasa los 2.5 cm. La raíz está cubierta por una piel fina, que normalmente se elimina antes de usarla. Practique cómo pelar y picar el jengibre de varias maneras.

Pele con un cuchillo mondador
Tome el jengibre con una mano y su cuchillo con la otra. Pele la piel cortando las irregularidades y retirándolas.

Pele con una cuchara
Sostenga el jengibre con el pulgar y el dedo índice, tome una cuchara de metal y apoye el pulgar de la otra mano en el jengibre; raspe hacia abajo la piel y repita este movimiento girando la pieza hasta retirar la piel.

Haga un bloque
Coloque el jengibre en la tabla de picar y con el cuchillo de chef corte los bordes curvos hasta obtener un bloque rectangular que luego podrá cortar en rodajas, tiras o cubos pequeños.

Juliana
1 Con la mano en forma de garra sujete el jengibre y córtelo a lo largo en láminas delgadas.

2 Junte las láminas y córtelas en tiras de juliana.

Rodajas
Sostenga el jengibre con la mano y rebánelo en rodajas.

Cubos pequeños
Tome las tiras de juliana, gírelas 90 grados y pique finamente el jengibre en cubos pequeños.

34 Las hierbas

Las hierbas están disponibles en una gran variedad de formas y sabores, y sirven para acentuar el sabor de los alimentos; se pueden usar sus hojas, flores, tallos, brotes, enteras, molidas o picadas para darle sabor a todo tipo de platos. Un acentuado aroma es un buen indicador de su calidad, sean frescas o secas.

Las hierbas se emplean tanto frescas como secas, y de esta última forma se consiguen fácilmente; en este caso, su sabor es más concentrado y se emplean en menor cantidad. Por ejemplo, si la receta indica 1 cucharada de albahaca fresca, use sólo ½ cucharada de albahaca seca. La mayoría de las hierbas secas se añaden a los platos al empezar su cocción, ya que necesitan tiempo para liberar su sabor, mientras que las hierbas frescas es mejor añadirlas al final. Si utiliza hierbas frescas en alimento crudos, como salsas o ensaladas, entonces deberá añadirlas mucho tiempo antes de servirlas para que liberen mejor sus aromas.

Mantenga las hierbas secas en recipientes herméticos almacenados en un lugar fresco y seco, protegidos de la luz. Si las almacena correctamente, las hierbas durarán entre dos y tres meses. Cuando compre hierbas frescas, busque un color uniforme desde la punta hasta la raíz: hojas y tallos deben tener un aspecto saludable, sin puntos marrones pues éstos indican que están marchitas o dañadas por plagas. Almacene las hierbas frescas envueltas en una toalla de papel húmeda y colóquelas en bolsas de plástico para retener la humedad. Refrigérelas a temperaturas de entre 2 y 4 °C.

Hierbas más comunes

Hierbas	Usos
albahaca (1)	ensaladas, mezclas con jitomate, huevos, pescado, cordero, pizza, pan
laurel (2)	sopas, guisos, res, pescados, mariscos, verduras
perifollo (3)	sopas, ensaladas, pescado, verduras
cebollín (4)	huevos, pescado, sopas, pollo, papas
cilantro (5)	salsa, ensaladas, mariscos, cocina mexicana
eneldo (6)	sopas
mejorana (7)	carnes, salsas, guisos
menta (8)	salsas, sopas, postres
orégano (9)	salsas, carnes, verduras, pizzas, guisos
perejil (10)	guarnición, mezclas con papas, arroz, carnes, sopas
romero (11)	carnes, cocina mediterránea
estragón (12)	pollo, pescado, huevos, cocina francesa
tomillo (13)	carne de cerdo, guisados, sopas, jitomates

38 Práctica: lave las hierbas

Lavar las hierbas asegura que antes de utilizarlas estén libres de impurezas como tierra, polvo, arena o insectos, a la vez que se elimina cualquier insecticida utilizado durante el cultivo. Antes de lavarlas, compruebe que las hierbas estén frescas y retire cualquier hoja o tallo marchito.

1 Llene un recipiente grande o el fregadero con suficiente agua fría para cubrir por completo las hierbas.

2 Con sus manos sumerja las hierbas en el agua y sacúdalas. Posteriormente, levante las hierbas y vacíe el agua sucia.

3 Repita el proceso de lavado hasta que el agua salga clara. Desinfecte las hierbas; después, elimine el exceso de agua, séquelas y úselas inmediatamente o almacénelas.

Cultive sus propias hierbas

Algunas veces no podrá encontrar las hierbas frescas cuando las necesita. Una de las maneras más fáciles de resolver este problema es tener sus propias hierbas. Son fáciles de cultivar y son plantas ideales para tener en casa o en la ventana de la cocina.

Muchos cocineros profesionales prefieren cultivar sus propias hierbas en su cocina, donde pueden acceder a ellas fácilmente mientras preparan sus alimentos. Puede comprar las hierbas en macetas o puede sembrar sus semillas. Inténtelo y verá lo fácil que es.

39 Práctica: pique cebollín

Lave los cebollines y séquelos con una toalla de papel. Colóquelos en una tabla para picar y tome su cuchillo de chef.

Sostenga los cebollines con una mano y córtelos con el cuchillo, pasando desde la punta hasta el talón sin salirse de la tabla de picar. Tómese su tiempo y corte de manera fina y uniforme.

40 Práctica: pique romero

Asegúrese de lavar bien el romero (como se muestra en la práctica 38) y séquelo bien antes de comenzar a picar. El romero es una de las hierbas más robustas y con sabor fuerte. Se usa para sazonar caldos y guisos.

1 Sujete el tallo del romero con una mano y con la otra jale suavemente las hojas en el sentido contrario al cual crecen; éstas deben desprenderse del tallo muy fácilmente.

2 Continúe hasta quitar todas las hojas de los tallos y júntelas.

3 Sujete las hojas de romero de manera que su mano no esté al alcance del cuchillo mientras corta. Tome el cuchillo y con movimientos suaves pique las hojas finamente.

Los fondos

La base del sabor
Un fondo es un caldo con sabor concentrado, hecho de la cocción a fuego bajo de huesos, vegetales, hierbas y especias, que puede ser utilizado como base para sopas y salsas.

Un fondo es fundamental en una cocina. Es la base de grandes sopas, salsas, guisos y estofados.

Un fondo es fundamental en una cocina. Es la base de grandes sopas, salsas, guisos y estofados. Se realiza con una combinación de huesos, verduras, condimentos, y líquidos. Para convertirse en un cocinero profesional, es necesario saber preparar un fondo con buen cuerpo, sabor y color.

El aspecto más importante de cualquier fondo es su sabor. Un buen fondo se logra al utilizar ingredientes de calidad y al tomar siempre en cuenta la proporción entre sólidos y líquidos, además del tiempo de cocción.

Los cinco fondos básicos

Hay cinco fondos básicos que en todas las cocinas profesionales se utilizan: el fondo blanco, el fondo oscuro, el fumet, el fondo de verduras y el caldo corto.

El fondo blanco se elabora con huesos de pollo, ternera o res, verduras y agua, y permanece claro o transparente durante el proceso de cocción. El fondo oscuro se hace con huesos de pollo, ternera, res o animales de caza y verduras; estos ingredientes se doran en el horno y posteriormente se cuecen en agua a fuego bajo para producir el fondo, que tendrá un tono oscuro.

Ingredientes esenciales de un fondo

Para un buen sabor y consistencia, utilice huesos carnosos y cabezas de pescado. Los huesos de los animales jóvenes harán un mejor caldo. Asegúrese de enjuagar los huesos antes de ponerlos en la olla. No olvide realizar un *mirepoix* y un *bouquet garni* (atado de hierbas y especias) para asegurar un buen fondo.

El fumet se prepara con huesos de pescado o caparazones de crustáceos, vegetales y agua; los ingredientes se hierven durante poco tiempo, para producir un líquido de sabor fuerte y relativamente incoloro. El fondo de vegetales es una mezcla de éstos, condimentos y agua. Finalmente, el caldo corto se prepara con vegetales, condimentos, agua, vino o vinagre, que se cuecen a fuego bajo; se utiliza para pochar pescados y blanquear verduras.

Los ingredientes básicos

Los ingredientes básicos de cualquier caldo de buena calidad son: huesos, un *mirepoix* (dos partes de cebolla, una parte de zanahoria y otra de apio, picados), hierbas, especias y líquidos. Entre más grande sea el hueso, éste tardará más tiempo en cocerse y así se obtendrá un caldo de mejor sabor. Los huesos de ternera o de res tardan entre tres y cuatro horas para producir un fondo de buena calidad; los mejores son los procedentes de animales jóvenes, pues tienen alto

41 Práctica: prepare un caldo de pollo

Para hacer un fondo blanco, enjuague el huesos de pollo con agua fría para eliminar las impurezas; posteriormente blanquéelos en agua hirviendo para que estén limpios.

Ingredientes:
- 4 kg de huesos de pollo (pescuezo y rabadilla)
- 6 litros de agua fría
- 450 g de *mirepoix*
- 1 *bouquet garni* (ver práctica 43)

1 Coloque los huesos en la olla. Agregue agua y hierva a fuego bajo durante 3 horas. Elimine las impurezas y la grasa con una cuchara.

2 Transcurridas las 3 horas añada el *mirepoix* y cueza por 1 hora más.

3 Retire la olla del fuego y cuele el fondo. Puede utilizarlo inmediatamente o refrigerarlo para su uso posterior (ver práctica 42).

42 Práctica: use un baño de hielo

Si no va a utilizar el fondo de inmediato, enfríelo para evitar una rápida descomposición. Llene un recipiente grande con cubos de hielo y agua fría hasta la mitad de su capacidad. Una vez que haya colado y vertido el fondo en un recipiente limpio, colóquelo en la parte superior del baño con hielos. Mueva el fondo mientras esté en el baño, hasta que se enfríe. Remueva la grasa de la superficie, levante el contenedor, cúbralo con una película de plástico, etiquételo, y guárdelo en el refrigerador hasta que lo necesite.

43 Práctica: haga un *bouquet garni*

Un *bouquet garni* es un conjunto de elementos aromáticos, como tomillo, laurel, pimienta negra y perejil. Se puede realizar con un trozo de manta de cielo o con hojas de poro atadas.

1 Coloque tallos de perejil, una hoja de laurel, granos de pimienta negra, una rama de tomillo y un ajo (opcional) sobre un cuadrado de manta de cielo.

2 Junte las cuatro esquinas de la tela.

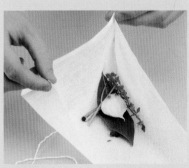

3 Forme un saquito con la tela y átelo con un cordón lo suficientemente largo para sujetar el *bouquet garni* en el caldo y poder atarlo al mango de la olla.

porcentaje de colágeno, que otorga cuerpo a la preparación. Para el fondo de pollo, los mejores huesos son los de la columna vertebral y los del pescuezo. Los huesos de pescado blanco (con poco contenido graso), como el lenguado, el rodaballo y la merluza, son los mejores para preparar fumets de calidad. Los huesos de cordero, de pavo, de los animales de caza y del jamón también sirven para hacer fondos, pero su sabor generalmente se considera muy fuerte para la mayoría de los platillos. Un *mirepoix* por lo general tiene dos partes de cebolla, una parte de zanahoria y una parte de apio; el tamaño del corte de los vegetales está determinado por el tiempo de cocción del caldo. Los fondos de carne requieren vegetales enteros o cortados en trozos de entre 2.5 y 5 cm, mientras que para los fondos de pollo o pescado, las verduras necesitan ser cortadas en trozos de 1 cm. Los componentes aromáticos del fondo generalmente se agregan al iniciar la cocción. El *bouquet garni*, un trozo de manta de cielo o una hoja de poro en donde se envuelven granos de pimienta, hojas de laurel, tomillo y tallos de perejil, es indispensable para añadir sabores y aromas. Como el fondo es la base para otros platillos que se condimentarán posteriormente, no se le debe añadir sal. El líquido generalmente es agua fría.

38 Las salsas

Las razones principales para añadir salsa a los platillos son conferir humedad y sabor, así como mejorar su apariencia. Hacer la salsa perfecta es el mayor reto para cualquier cocinero, y la capacidad de combinar una salsa con un alimento refleja un gran dominio de las técnicas culinarias. Hay dos categorías de salsas: las salsas clásicas francesas, y otras salsas que no entran dentro de la clasificación anterior.

Las salsas clásicas

De tradición francesa, éstas constan de tres elementos: el líquido o cuerpo de la salsa, el agente espesante y la adición de condimentos e ingredientes aromatizantes. La mayoría de las salsas clásicas se basan en una de las cinco salsas madre francesas (ver el cuadro inferior).

Ingredientes en las salsas madre

Líquido	Agente espesante	Salsa madre
leche	*roux* blanco	bechamel
fondo blanco	*roux* blanco o rubio	*velouté*
fondo obscuro	*roux* obscuro	salsa oscura
jitomate y fondo	*roux* (opcional)	salsa de tomate
mantequilla	yemas	holandesa

Las salsas madre

Las cinco salsas madre pueden derivar en otro tipo de salsa al añadirles otros ingredientes.

Los líquidos
- Leche, para obtener la salsa *bechamel* o salsa blanca.
- Fondo claro (de pollo, pescado o ternera), para obtener una *velouté*.
- Fondo oscuro, para obtener la salsa oscura o salsa española.
- Mantequilla clarificada, para obtener la salsa holandesa.

Los agentes espesantes
- El *roux*, mezcla de harina y grasa cocidos. Tiene tres etapas de cocimiento: blanco, rubio y café.
- Los almidones, tales como harina de trigo o féculas de arroz, maíz o papa.
- Los purés de vegetales.
- La yema de huevo y la crema. Los huevos pueden espesar un líquido debido a que la proteína que contienen se coagula con el calor. La crema enriquece el sabor de la salsa al tiempo que la espesa.
- La reducción. Aunque no es un agente espesante, el hervir una salsa reduce el líquido mediante la evaporación, por lo tanto, ésta se espesa y concentra su sabor.

Los condimentos
- La sal es el más importante, seguido del limón; estos dos ingredientes enfatizan el sabor.
- La pimientas negra y blanca.
- Vinos y licores.
- Las hierbas frescas y las secas.

44 Práctica: aprenda más de las salsas madre

Revise en internet algunos de los muchos sitios de cocina disponibles. Busque "salsas madre" y conozca la gran cantidad de salsas que resultan de una salsa madre. ¡Se sorprenderá con la variedad disponible a su alcance!

45 Práctica: recopile menús

La próxima vez que salga a comer, estudie el menú y note cómo muchas salsas encajan en las categorías: clásica (si está basada en una de las cinco salsas madre) u otras (si está preparada de forma diferente a las salsas clásicas). Si el restaurante se lo permite, llévese el menú; de lo contrario, tome notas en un cuaderno sobre las diversas salsas. Esto le dará grandes ideas que puede elaborar en casa.

46 Práctica: elabore los diferentes tipos de *roux*

La fórmula básica del *roux* es de tres porciones de harina por cada dos de grasa. Caliente la grasa (puede ser aceite o mantequilla) en una cacerola a fuego bajo, añada la harina y mezcle con una cuchara de madera. Cueza el *roux* hasta que esté suave y con apariencia brillante (debe semejar la textura de arena mojada). Cada una de las tres etapas de cocción del *roux* presenta un color característico. El primero es blanco; transcurridos unos minutos se torna rubio con un ligero olor a nuez, y el último es café oscuro con fuerte aroma a nuez.

1 Caliente el aceite a fuego bajo y añada la harina. Con una cuchara de madera, mueva los componentes para mezclarlos.

2 Mezcle hasta formar una pasta suave. Cueza el *roux* moviendo constantemente hasta conseguir el color y el sabor deseado.

3 Si desea hacer una salsa bechamel, añada leche; si desea una *velouté*, vierta fondo claro, y si desea una salsa oscura, agregue fondo oscuro.

Rubio

Blanco

Oscuro

La salsa holandesa
Una salsa holandesa debe tener una consistencia suave y cremosa, con un tono amarillo pálido brillante. Su textura debe ser ligera y espumosa con un marcado sabor a mantequilla, pero también se deben apreciar las notas ácidas del limón y el vinagre.

47 Práctica: terminar una salsa con mantequilla

Monter au beurre es el proceso de añadir mantequilla fría a una salsa para darle brillo adicional y enriquecer su sabor; es una técnica utilizada por los cocineros para darle un toque final a pequeñas cantidades de salsa antes de servirla.

Con una cuchara o batidor, añada cubitos de mantequilla fría a la salsa y mezcle bien.

Otras salsas

40

En este apartado se encuentran las salsas que no están dentro de la clasificación de salsas clásicas francesas. Algunos ejemplos son la inmensa variedad de salsas mexicanas y asiáticas, el *chutney*, el *relish* y los aceites aromatizados y los *coulis*. Actualmente, las cocinas profesionales han sido influenciadas por tradiciones culinarias de todo el mundo. Debido al desarrollo y la experimentación con nuevas salsas e ingredientes, es difícil clasificarlas y definirlas exactamente; las particularidades culinarias de cada región son infinitas, y se requieren años de profunda investigación para conocer cada una de ellas. Algunas son:

Salsas mexicanas: preparadas con un ingrediente base (chiles frescos o secos) a las que se les puede añadir ya sea jitomate o tomate verde, cebolla, ajo, hierbas, especias y otros ingredientes.

Guacamole: salsa elaborada con aguacate, chile verde fresco, jitomate, cebolla y cilantro. La salsa de mesa mexicana más conocida en todo el mundo.

Relish: elaborado con verduras y frutas encurtidas, picadas y sazonadas.

Chutney: salsa originaria de la India, elaborada con fruta cocida y vegetales condimentados con elementos picantes y agridulces.

Aceites aromatizados: aceites vegetales a los que se les añade aromáticos; son una interesante propuesta como aderezos ligeros.

Coulis: son purés de verduras o frutas, se utilizan tanto en cocina salada como dulce.

Salsa tailandesa

Esta salsa es cada vez más popular como botana o aperitivo. Se acompaña con rollos primavera, es una deliciosa botana para consumirse con alguna bebida en bares y fiestas.

48 Práctica: haga un pesto

Haga su propio pesto

Ingredientes
- 120 g de hojas de albahaca
- 120 g de piñones tostados
- 2 dientes de ajo
- ½ cucharadita de sal
- 200 ml de aceite de oliva
- 120 g de queso parmesano

Ponga las hojas de albahaca, los piñones, el ajo y la sal en un procesador de alimentos o en un mortero y muélalos. Añada lentamente el aceite, hasta obtener una salsa espesa. Pruebe, ajuste de sal y añada el queso parmesano.

49 Práctica: sugerencias para servir el pesto

Agregue un poco más de aceite a la receta de pesto y vacíelo en una botella de plástico con dosificador. Practique un diseño complejo o un zig-zag para darle efecto y color al presentar su platillo. Otra opción es cubrir ligeramente el plato terminado con el pesto, o servir un poco con una cuchara y arrastrarla a través de la salsa para añadir atractivo visual. También puede servir un poco de pesto en el plato antes de colocar el corte de carne asada; esto permite que la corteza de la carne se mantenga como salió de la parrilla, a la vez que ofrece un colorido contraste debajo de la carne.

Chutney de mango

El chutney de mango, que tiene sus orígenes en la India, es de sabor picante y agridulce. Está elaborado con mango verde cocido con vegetales condimentados. Es muy popular como acompañante del curry.

Mantequillas preparadas

Éstas se obtienen mezclando distintos condimentos con mantequilla, para servirlas como salsas o para añadir sabor y color a otras salsas. Por ejemplo, la mantequilla *maître d'hotel* (o mantequilla de perejil) regularmente se sirve sobre las carnes asadas o pescados para que ésta se derrita con el calor.

Mantequillas preparadas

Mantequilla	Preparación
mantequilla de anchoas	Triture anchoas hasta formar una pasta y mézclelas con mantequilla.
mantequilla de alcaparra	Añada a la mantequilla anchoas y alcaparras picadas, jugos de limón y de naranja.
mantequilla de curry	Combine mantequilla con curry en polvo o en pasta.
mantequilla de ajo	Añada a la mantequilla dientes de ajo picados finamente.
mantequilla de salmón	Triture salmón ahumado hasta formar una pasta y mézclelo con mantequilla.
mantequilla de jitomate	Añada puré de jitomate a la mantequilla.

50 Práctica: prepare una salsa picante

Simplemente, licue todos los ingredientes y obtendrá una salsa picante.

Ingredientes
- 2 o 3 jitomates medianos, cortados en trozos
- ½ de cebolla morada, en trozo
- 1 chile jalapeño cortado en trozos
- 1 chile serrano cortado en trozos
- el jugo de 1 limón
- ½ taza de hojas de cilantro
- sal y pimienta al gusto

51 Práctica: elabore una mantequilla aromatizada

Puede servirla con carnes o pescado.

Receta
- 225 g de mantequilla
- 30 g de perejil picado
- el jugo y la ralladura de 1 limón
- sal y pimienta al gusto

1 Mezcle la mantequilla con el perejil picado, el jugo y la cáscara del limón, sal y pimienta.

2 Vierta la mezcla en una hoja de papel siliconado y enrolle de manera firme para obtener un cilindro.

3 Ruede sobre una superficie plana el cilindro para compactarlo, gire con firmeza los extremos del papel y métalos debajo del cilindro. Refrigere por cuatro horas.

4 Para servir la mantequilla, desenvuelva con cuidado el cilindro y córtelo en rodajas con un cuchillo bien afilado.

Las sopas

Las sopas pueden ser calientes o frías, saladas o dulces, y en muchos casos su realización es sencilla y sin complicaciones. Constituyen un buen preámbulo para el plato fuerte.

Las sopas técnicamente son cualquier mezcla de carne, pescados o mariscos con verduras cocidas en un líquido sazonado. Se pueden servir en cualquier momento del día y en cualquier estilo que se desee: caliente o fría, ligera o espesa, como entrada o como plato principal. Son una buena manera de utilizar las sobras de cortes de verduras y carnes, además de que sirven para practicar la habilidad de crear nuevas recetas. Las sopas preparadas correctamente pueden ser muy nutritivas y fáciles de elaborar; además, son una buena opción de comida ligera.

Si realizó las prácticas de los fondos y las salsas (ver páginas 36 a 41), entonces ya cuenta con las bases para preparar buenas sopas, debido a que usted sabe cómo hacer un buen fondo y cómo utilizar un *roux* como ingrediente espesante. Existen tres principales categorías de sopas: las sopas claras o ligeras, las sopas espesas y las sopas de especialidad.

Las sopas claras

Los caldos de pollo o de carne, las sopas de verduras y los consomés se pueden agrupar en esta clasificación. Los caldos de pollo o de carne son generalmente sopas sin ingredientes sólidos, mientras que las sopas de verduras son caldos claros condimentados o fondos de pollo que contienen una o más verduras, a las que en ocasiones se les añade algún tipo de carne. El consomé francés es una sopa completamente clara o una transparente que ha sido clarificada.

Las sopas espesas

Este tipo de sopas son más densas que las claras, ya que se les añade un agente espesante como un *roux*, o son un puré de uno o más de los ingredientes principales.

Las cremas o la *velouté* se espesan con ingredientes tales como el *roux*, la *beurre manié* (mezcla de mantequilla con harina) o alguna fécula como la de maíz o papa. Otro tipo de sopa espesa utiliza uno o más de los ingredientes principales hechos puré para darle más cuerpo a la sopa, pero no son tan tersas como una crema. Los *bisques* se hacen con mariscos a la manera de una crema, mientras que los *chowders* son sopas pesadas que contienen pescado, mariscos y vegetales, además de papa y leche. Los potajes son sopas espesas y densas.

Las sopas de especialidad

Esta categoría incluye las sopas que por lo general no encajan en las categorías de claras o espesas. Pueden ser originarias de países o regiones específicas, por ejemplo: la sopa fría de frutas, la olla podrida española, la sopa de cebolla o la *borscht* rusa.

Adornos, aderezos y guarniciones

- Puede hacer adornos para las sopas con carnes rojas, aves, mariscos, pastas, cereales o verduras.
- Los aderezos pueden ser de cualquier ingrediente: hierbas frescas, juliana fina o *brunoise* de verduras, queso rallado, pan frito o crema ácida.
- Las guarniciones pueden ser pan tostado, hojuelas de maíz, tiras de queso, galletas o palitos de pan.

La *Bouillabaise* Es una sopa clásica francesa hecha con pescado y mariscos.

Sopas del mundo

La sopa es parte importante de cualquier menú. Es asombrosa la gran variedad que existe. Ésta es una lista de unas cuantas. Busque sopas de diferentes cocinas del mundo y encontrará un número increíble de sopas procedentes de distintos países.

Nombre	Principales ingredientes	País de origen
Borscht	carne, betabel, crema ácida	Rusia
Bouillabaise	pescado, mariscos, verduras	Francia
Clam chowder	almejas, carne de cerdo salada, fumet	Estados Unidos
Sopa de cebolla	cebolla, fondo oscuro, queso *Gruyère*	Francia
Sopa de tortilla	tortilla, jitomate, chile, queso fresco	México
Sopa agria y picante	hongos negros, vinagre de arroz	China
Minestrone	alubias, verduras, queso parmesano	Italia
Mulligatawny	curry en polvo, pollo	India
Phobo	rabo de res, jengibre, arroz, lomo de res	Vietnam
Scotch broth	cordero, cebada, perejil	Escocia

52 Práctica: prepare un caldo

Los caldos a menudo son la base de una sopa. Puede usar cualquier ingrediente, desde carne de res, pollo, pescado, cereales y pastas, hasta legumbres como zanahoria, papa, chícharos y hierbas frescas.

Ingredientes (rinde 1 litro)
- 450 g de verduras
- aceite para freír
- 5 tazas de fondo claro
- sal y pimienta al gusto
- 1 *bouquet garni*

Corte las verduras de un tamaño uniforme y fríalas ligeramente con un poco de aceite. Añada el fondo y hierva a fuego bajo. Agregue sal, pimienta y el *bouquet garni*; cueza por una hora. Cuando termine, el caldo debe tener buen color y sabor concentrado.

Sopa de fresa

Muchos de los mejores restaurantes ofrecen como postre sopas dulces. Se pueden hacer deliciosas sopas frías con fresas, melocotones, melón o frambuesas.

53 Práctica: elabore una sopa con puré

Ésta es una buena manera de utilizar sobrantes de cortes de verduras y convertirlos en algo que todos disfrutarán. Utilice una olla grande y agregue un poco de mantequilla o aceite de oliva. Añada los cortes y cuézalos a fuego bajo para suavizarlos.

1 Agregue un poco de harina y cueza entre tres y cinco minutos; mueva constantemente para evitar que la harina se queme.

2 Vierta un poco de fondo caliente de verduras o de pollo y deje que hierva.

3 Cueza a fuego bajo por 30 minutos o hasta que las verduras estén tiernas. Con una licuadora de inmersión, licúe los vegetales hasta obtener una consistencia tersa.

4 Vierta un poco de crema ácida a la sopa; ajuste de sal y pimienta.

5 Sirva la sopa y adorne.

Carnes, aves, pescados y mariscos

En este capítulo aprenderá a seleccionar las carnes, aves, pescados y mariscos, y cómo manipularlos hasta servirlos en el plato. Sabrá lo que debe buscar en cualquier tipo de carne, ya sea de res, de cerdo, de ave, de caza o mariscos delicados como los ostiones frescos, así como sus particularidades para asegurarse de su frescura y calidad. Sabrá cuáles son los métodos básicos de cocción para este tipo de productos y las especificaciones básicas para cocinarlos a la perfección.

Conocerá los cortes provenientes de la res, del cerdo y del cordero, además de las razones por las que algunos son suaves y se cocinan fácil y rápidamente, y por qué otros necesitan técnicas de cocción lentas para poder servir un platillo delicioso. Aprenderá sobre los modos de cocción aplicados a las carnes y la diferencia entre cocciones con calor seco, con grasa, con calor húmedo o las que son mixtas, para lograr los mejores resultados. Sabrá la diferencia entre los pescados planos y redondos, así como la manera de preparar ambos; aprenderá si las ostras están realmente frescas observando sus conchas, y cómo preparar langostas vivas para saborear la exquisita carne de su cola y de sus tenazas.

La res

46

El ganado se ha criado para el consumo humano desde hace más de 3 mil años. En muchos países, la carne de res es la carne roja más popular.

El ganado no sólo es útil para las faenas en los campos y la obtención de carne, ya que él también proporciona leche, mantequilla y queso. Ciertos patrones culturales están presentes en el consumo de este producto; un caso es el de la carne *kosher* que consumen los judíos, o el total rechazo de este producto por los vegetarianos.

Terminología del ganado

Ganado es el término para nombrar a los bovinos criados en una granja. Los terneros son animales jóvenes: el macho es el becerro y la hembra es la ternera. Los toros son los machos maduros sin castrar, que se utilizan para la cría. Los bueyes son machos que fueron castrados cuando eran jóvenes; proporcionan la mayoría de la carne para consumo. Los novillos son machos que han sido castrados después de madurar. Las vaquillas se convierten en vacas que, una vez maduras, producen leche.

Composición de la carne

La carne es el músculo de los animales. En la res, cerdo, cordero o ave, está constituida por tres componentes: 75 por ciento agua, 20 por ciento proteína y 5 por ciento grasa. La carne también contiene vitaminas, minerales y pequeñas cantidades de carbohidratos.

La maduración y el marmoleo

Después del sacrificio, aparece el *rigor mortis*, que endurece los músculos del animal. A medida que éste desaparece, la acción de las enzimas ablanda y madura los tejidos de la carne, mejorando su sabor. El marmoleo es la cantidad de grasa infiltrada en el músculo, y es el responsable de la suavidad y el sabor de la carne.

El almacenamiento

La temperatura ideal para almacenar la carne es a 5 °C. Guarde siempre la carne en su paquete original, en una charola en el estante inferior del refrigerador, para que los jugos no se derramen y contaminen otros alimentos. Debe utilizar la carne de res máximo dos o tres días después de su compra. Si está empacada al vacío, puede durar entre tres o cuatro semanas, siempre y cuando no la abra.

Los sabores y la res

La carne de res puede llevarse con sabores fuertes, como el pesto cuando es a la parrilla, el chile en un estofado, o hasta los condimentos del curry. El filete combina muy bien con la salsa holandesa o algunos moles.

Clasificaciones de la carne de res

Aunque es frecuente utilizar la clasificación estadounidense, en México se clasifica de la siguiente manera:

- **Suprema:** la de más alta calidad y la más costosa. Tiene buen marmoleo y textura agradable. Es jugosa, su color es rojo cereza y la grasa es blanca. La edad del animal oscila entre 18 y 24 meses.
- **Selecta:** Tiene menos marmoleo, su color es rojo intenso y la grasa es color crema. La edad del animal varía entre 25 y 30 meses.
- **Estándar:** Es una carne de calidad menor, de color rojo y grasa de tono amarillento. La edad del animal varía entre 31 y 36 meses.
- **Comercial:** Es la carne de menor calidad, dura, de color rojo oscuro y grasa amarilla. La edad del animal está entre 37 y 48 meses.
- Las carnes de res especializadas, como la *Kobe* de Japón, la *Limousin* de Francia, la *Angus* certificada, están disponibles en diferentes calidades.

Los cortes principales

La res se divide a través de la columna vertebral hacia los lados. Entre la doceava y décimo tercera costilla las partes se dividen en cuartos delanteros y cuartos traseros. Observe la ilustración e identifique los cortes importantes.

54 **Práctica:** puntos de cocción de la carne

Practique cocer los cortes en cada punto de cocción. Cueza siempre la carne a fuego alto para obtener el sabor y el color ideal. Primero selle la superficie y después cueza la carne.

Rojo inglés: la superficie es dorada y el interior de la carne es rojo.

Término medio: la superficie es dorada, la capa cocida del exterior es gruesa de tono gris y el interior rosado.

Bien cocida: la superficie está tostada, el interior está cocido en su totalidad y es gris.

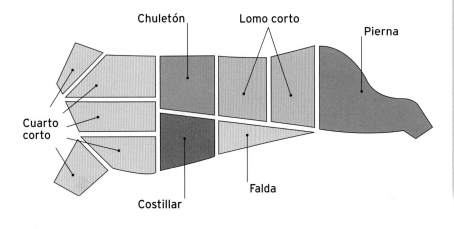

Chuletón

Lomo corto

Pierna

Cuarto corto

Costillar

Falda

55 Práctica: limpie y porcione un filete de res

El filete es uno de los cortes más caros de carne. Debe retirar cuidadosamente la grasa y el tejido conectivo para dejar la carne lo más intacta posible. El filete tiene tres secciones: la cabeza, el centro o corazón de filete, y la punta.

1 Corte y retire el exceso de grasa del filete. Después corte los trozos de carne suelta que se encuentran a lo largo.

2 Retire el tejido conectivo; inserte un cuchillo deshuesador justo debajo del tejido.

3 Sostenga el tejido conectivo con los dedos y deslice el cuchillo manteniéndolo pegado al tejido; así su cuchillo no cortará la carne.

4 Retire el resto de tejido conectivo del filete y después retire todos los tendones.

5 Una vez que el lomo esté libre de grasa y tendones, corte la carne en partes; empiece por la cabeza (el *chateaubriand*).

6 Corte la punta de la pieza restante y luego corte en medallones o *tournedos*.

7 Para obtener *tournedos*, corte la carne en rebanadas de 2.5 cm de ancho. Para obtener medallones, córtela más delgada. Puede usar la punta del filete para asar o hacer *boeuf stroganoff*.

Grados de cocción

El grado de cocción de la carne depende del método de cocción utilizado, que puede ser con calor seco o con calor húmedo.
Cuando la carne se cuece mediante calor seco (al horno o asada), la temperatura interna necesita alcanzar ciertos grados. Mientras la carne se cuece el color cambia e indica el grado de cocción de la misma.

- Rojo inglés   52 °C - 55 °C
- Medio   56 °C - 63 °C
- Tres cuartos   64 °C - 73 °C
- Bien cocida   Más de 74 °C

Cuando la carne se cuece mediante calor húmedo (en estofado u olla express), se busca que los tejidos conectivos se desnaturalicen para que la carne quede suave.

56 Práctica: trinche un *roast beef*

Deje reposar la carne durante algunos minutos después de sacarla del horno para que los jugos se distribuyan correctamente.

1 Inicie haciendo un corte pegado a la costilla para retirarla.
2 Separe la costilla con el cuchillo (manteniendo éste último siempre pegado al hueso) y corte hasta que la haya retirado de la pieza de carne.
3 Corte cuidadosamente la carne en rebanadas uniformes.
4 Un *roast beef* en su punto debe estar rojo en el centro, lo cual puede dificultar su porcionado. No se desanime y hágalo con calma.

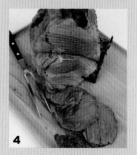

48 El cerdo

La carne de cerdo proviene de animales de entre seis meses y un año de edad. Es una carne muy popular, con varios cientos de razas diferentes en todo el mundo, de las cuales sólo un pequeño porcentaje se consume fresca, ya que la mayoría se procesa para transformarse en tocino, jamón curado, jamón cocido, salchichas, patés y productos derivados como la manteca.

La triquinosis

Es una enfermedad causada por un parásito ubicado en el tejido muscular de los cerdos y otros animales. Este parásito muere a una temperatura de 58 °C; para que la carne sea segura, se debe cocer por lo menos entre 66 y 68 °C, que es la temperatura correspondiente al rango de cocción entre término medio y bien cocido. Sin embargo, la mayoría de la gente prefiere consumir la carne de cerdo cuando ha alcanzado una temperatura superior a los 71 °C.

Los cortes de cerdo
Conozca los cortes del cerdo y sus usos. Un buen profesional de la cocina es capaz de utilizar en el menú todos los cortes del cerdo.

El almacenamiento de la carne de cerdo

Al igual que con cualquier carne, verifique su temperatura al adquirirla. La carne de cerdo debe estar a 5 °C o menos, y se debe almacenar a esa temperatura, envuelta, en una charola y en el estante más bajo del refrigerador.

La frescura

La carne de cerdo debe ser de color rosa a rojo con consistencia firme y no debe estar demasiado seca o húmeda. Su grasa debe ser blanca, sin olor. Si la carne es oscura, presenta manchas negras o si la grasa es pegajosa y con olor acre, descártela de inmediato.

Los sabores y el cerdo

La carne de cerdo se beneficia de una gruesa capa de grasa y un buen marmoleado. Los cortes como la pierna o la espaldilla combinan con sabores intensos como el ajo y hierbas como romero y mejorana. Es ideal para barbacoas, adobos, encacahuatados y moles; también combina bien con marinadas elaboradas con vinagre o mostaza y guarniciones de elote o arroz. Los ingredientes asiáticos como jengibre, té limón, aceite de ajonjolí o salsa de soya también son recomendados. Los cortes más magros como el lomo se llevan bien con estragón y salsas a base de crema. El cerdo horneado servido con manzanas o peras, acompañado de un *gravy*, es una buena combinación.

El término charcutería se refiere a carne de cerdo procesada para preparar embutidos. Esta tarea la realizan personas especializadas, y en ocasiones los cocineros. A diferencia de la res, la maduración en la carne de cerdo es innecesaria, pues ya es tierna y firme naturalmente.

La carne de cerdo procesada

El procesamiento consiste en transformar los alimentos para su conservación y posterior consumo. El 70 por ciento la carne de cerdo es procesada con tratamientos como el curado y el ahumado para producir tocino, jamón y otros alimentos.

Existen dos métodos para curar la carne de cerdo: el seco y el húmedo. El curado en seco es

57 Práctica: rebane embutidos

Los embutidos se sirven regularmente en rodajas, y son excelentes entradas o aperitivos. Practique cómo rebanar diferentes tipos de embutidos para perfeccionar la técnica.

Sostenga el cuchillo sierra con una mano y la salchicha con la otra. Corte lentamente rodajas finas y uniformes.

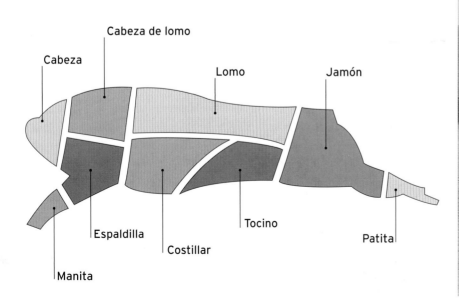

Cabeza de lomo

Cabeza

Lomo

Jamón

Espaldilla

Costillar

Tocino

Patita

Manita

el método más antiguo: se añaden condimentos sobre la superficie, posteriormente se cubre por completo con sal y se almacena en un lugar fresco o en refrigeración hasta que absorba la sal y la carne se seque. Para el método de curado húmedo se utilizan sal, azúcar, especias, nitritos y agua. El curado con salmuera consiste en sumergir la carne de cerdo en una solución de agua con sal y otros condimentos hasta que ésta penetre totalmente en la carne. El curado por inyección utiliza la misma salmuera, pero ésta se inyecta para un curado más rápido. El curado con azúcar consiste en cubrir la carne con salmuera endulzada con azúcar.

El ahumado también se utiliza para procesar carne de cerdo, añadirle sabor y darle una vida de anaquel más larga. Por lo general, la carne se cura primero en salmuera, se seca, y después se ahúma con maderas duras como el nogal, el manzano o el cerezo para otorgarle el sabor distintivo del ahumado.

Existen varios tipos de embutidos como el chorizo, que es una mezcla de carne con condimentos; la *mortadella* es una salchicha con carne de res y grasa de cerdo condimentada con cilantro, y la *andouille* es una salchicha de cerdo especiada y ahumada

58 Práctica: corte tocino

El tocino proviene del vientre del cerdo. Tiene mucho sabor debido a la gran cantidad de grasa que contiene.

1 Retire la piel del tocino con un cuchillo de chef y córtelo en rebanadas de 1 cm de grueso.

2 Repita el proceso con toda la pieza de tocino; cuide que todas las rebanadas sean del mismo grueso.

3 Gire 90 grados las rebanadas de tocino y córtelas en trozos de 1 cm.

59 Práctica: preparar un lomo

El lomo es la parte más suave del cerdo. Es barato, fácil de cocinar y combina con muchos sabores y condimentos. Se puede cocer entero, en medallones y en trozos para brochetas o estofados. Primero se debe retirar el tejido conectivo, que es duro y fibroso, y deforma la carne mientras se cuece.

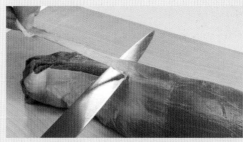

1 Coloque el lomo en una tabla para picar y séquelo con toallas de papel para eliminar la humedad; esto facilitará su manejo.

2 Tome el tejido conectivo con la mano y comience a retirarlo usando un cuchillo deshuesador.

3 Sostenga el tejido conectivo con los dedos, estírelo y deslice el cuchillo por debajo; manténgalo pegado al tejido para que su cuchillo no corte la carne.

4 Elimine cualquier tendón o resto de grasa desde la punta del lomo hasta la cabeza.

5 Cuando el lomo esté limpio, puede dejarlo entero para hornearlo o puede cortarlo en medallones.

6 La cabeza del lomo es demasiado delgada para obtener medallones uniformes; gire su cuchillo y corte la carne en sentido contrario a las fibras.

7 Coloque los medallones en la tabla con la cara hacia arriba para que sean más fáciles de manipular o condimentar.

El cordero y el carnero

50

Las carnes de cordero y de carnero tienden a ser grasosas y poseen un sabor distintivo. Se utilizan comúnmente en la cocina del Medio Oriente, pero también son populares en Europa y en México.

Preparación

Las carnes de cordero y de carnero están cubiertas por una cantidad considerable de grasa que debe retirarse antes de cocinarla; esta grasa se derrite rápidamente cuando se calienta y tiene un sabor fuerte, lo cual significa que entre más grasa se elimine antes de la cocción, mejores serán los resultados.

La carne de cordero proviene de un borrego de cualquier sexo, que sea menor a los 12 meses de edad. El carnero generalmente tiene más de 16 meses al momento de ser sacrificado y, en comparación con el cordero, tiene un sabor más fuerte y su carne es más dura. El carnero debe ser utilizado en cualquier receta que implique un tiempo de cocción prolongado, ya que esto ablanda la carne.

El peso promedio de un cordero es de 30 kg, mientras que un cordero lechal es más pequeño, pues pesa por lo general 22 kg y ha sido alimentado solamente con leche. En Francia, el cordero se divide en tres categorías: cordero de leche, sacrificado 30 días antes de ser destetado; cordero blanco, el más común y disponible desde finales de diciembre hasta junio; y el cordero de pastoreo, que tiene entre seis y nueve meses de edad y ha sido criado en el campo.

La demanda de la carne de cordero

El cordero es bastante popular en el Reino Unido, Nueva Zelanda y Australia. En México, el carnero o borrego es consumido en preparaciones como la barbacoa. Debido a la edad del cordero, la carne es bastante tierna y no tiene que madurar. En cocina se puede utilizar cualquier método de cocción para la carne cordero y acompañarla con guarniciones y salsas con sabores intensos, debido al sabor fuerte y distintivo de la carne.

El almacenamiento

La carne de cordero debe ser firme y de color rojo pálido. La grasa debe ser color blanca y sin olores desagradables. Debe descartar la carne si tiene un olor fuerte, tonalidades cafés, si la superficie se siente babosa o seca y si la grasa se ve amarillenta.

60 Práctica: deshuesar una pierna de cordero

Ésta es una habilidad esencial que necesita practicar. Si no cocinará toda la pierna, deshuesarla hará que la carne sea más fácil de manipular al cortarla en porciones más chicas y asarla a la plancha, o en trozos para hacer brochetas o guisos. Es necesario utilizar un cuchillo deshuesador.

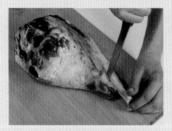  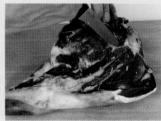

1 Con una mano sostenga el cuchillo deshuesador como si fuera una daga. Con la otra sostenga el hueso y comience a separar la carne.

2 Haga un corte en la parte más gruesa de la pierna con la punta del cuchillo para descubrir el hueso.

3 Mantenga su cuchillo contra el hueso y corte alrededor del mismo, mientras separa la carne con cuidado.

4 Siga cortando la carne alrededor del hueso para retirarlo y guárdelo para elaborar posteriormente un fondo.

5 Abra toda la pierna haciendo incisiones largas y profundas.

6 Retire la grasa y los nervios de la carne con ayuda del cuchillo.

7 El producto final debe ser una pieza de carne lista para ser cortada en filetes o trozos, o para ser marinada y cocerse sobre la plancha.

El cordero, como todas las carnes, debe mantenerse a una temperatura máxima de 5 °C y en una charola en la parte inferior del refrigerador para prevenir la contaminación cruzada con otros alimentos. La carne fresca de cordero se descompone fácilmente, así que debe usarse en un tiempo máximo de tres días después de su compra; si está empacada al vacío, se podrá conservar por más tiempo.

Los sabores y el cordero

La carne de cordero es ideal para las hierbas aromáticas. El cordero con salsa de menta es un plato clásico en Gran Bretaña, Australia y Nueva Zelanda. El romero, el ajo y el orégano se llevan bien con su sabor pronunciado. El vinagre se utiliza en muchas preparaciones de cordero para equilibrar lo grasoso de su carne. En Grecia e Italia se combina con los cítricos, vino y yogur, para potenciar el sabor de su carne. El *tajine* del norte de África lo combina con frutas secas y tubérculos, en México se cocina al vapor con las pencas de maguey y se come en tacos con salsas picantes, mientras que en la cocina india se consume condimentado con curry.

Los cortes de la carne de cordero
El cordero se divide desde el costillar hasta los cuartos delanteros y los traseros. Familiarícese con estos cortes, ya que es necesario saber cuáles técnicas de cocción son adecuadas para cada uno.

51

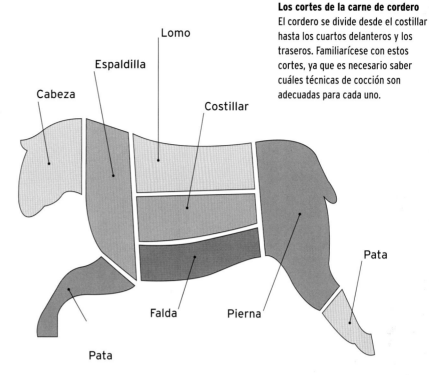

Cabeza · Espaldilla · Lomo · Costillar · Pata · Pierna · Falda · Pata

---

61 Práctica: corte las costillas de cordero

Puede pedir el costillar ya limpio pero vale la pena que practique esta técnica que, una vez que la domine, nunca olvidará cómo se hace. Obtendrá gran habilidad para manejar el cuchillo deshuesador.

1 Corte a través de la grasa hasta llegar al hueso. El primer corte debe quedar aproximadamente a una distancia de 3 cm de la carne.

2 Sostenga la grasa con una mano y tire de ella mientras corta con movimientos uniformes con el cuchillo pegado a los huesos.

3 Utilice la punta del cuchillo para cortar y retirar carne y grasa que estén entre las costillas.

4 Raspe cada hueso con la punta del cuchillo; retire toda la grasa y carne para dejarlos lo más limpios posible.

5 Retire la capa gruesa de grasa de la costilla cortando con cuidado a través de la grasa del tejido, y tirando de ella con la mano.

6 Una vez eliminada la capa gruesa, retire con cuidado el exceso de grasa, pero deje una fina capa de la misma para proteger la carne mientras se cocina.

---

62 Práctica: rebane una pierna de cordero

Necesitará una tabla para picar, un cuchillo de chef y un trinche.

1 Rebane lo más delgado posible desde el extremo de la pierna hasta llegar al hueso.

2 Continúe en la parte inferior de la pierna y haga un corte en forma de "V", similar a una cuña.

3 Continúe cortando y coloque cada rebanada sobre la tabla a medida que avance.

Tipos de carne de caza

- El conejo posee carne suave, magra y tierna, con sabor y textura similares a la carne de pollo. El peso promedio de un conejo es entre 1.2 y 1.4 kg. Se puede preparar horneado, frito o en estofado. Las liebres pueden pesar hasta 6 kg, su carne es oscura y magra, de sabor fuerte y adecuada para estofar.
- Los patos silvestres se pueden cocinar de la misma forma que las demás aves como el pollo o el guajolote. Son comunes en las zonas lacustres de México.
- La familia de los ciervos incluye venados de cola blanca, alces, renos y ciervos de cola roja; la carne de esta familia se conoce genéricamente como carne de venado. Los cortes más populares son el lomo, la pierna y la costilla. El lomo puede hacerse horneado, salteado o asado al término deseado. La pierna y la costilla son generalmente marinadas y estofadas.
- El faisán tiene un sabor suave y es excelente para hornear o estofar. Con sus huesos se hace un excelente fondo que sirve para hacer sopas o salsas. Un ejemplar suele pesar alrededor de 1 kg y rinde para dos personas.
- La codorniz es un ave de la familia del faisán. Es muy pequeña y su pechuga sólo pesa entre 30 y 60 g. Se puede rellenar y servir entera, o abrirse y cocinarse a la plancha o salteada.
- La perdiz tiene un sabor menos delicado que el faisán y su carne suele ser más dura. Se puede hornear o cortar en pedazos para ser salteados o estofados.
- El jabalí salvaje es un pariente cercano del cerdo, tiene menos carne y grasa pero su sabor es más fuerte. Este animal se puede utilizar de forma similar al venado y cerdo.

Las carnes de caza

El término caza se refiere a los animales salvajes cazados por deporte o para comerse. Tradicionalmente, los suministros de la carne de caza dependen de la temporada y del éxito del cazador, aunque el incremento de su demanda debido al deseo del consumidor por carnes más saludables y magras ha hecho que los criadores satisfagan dicha demanda con animales de granja.

La caza se divide en dos categorías: mayor y menor. La carne más popular dentro de la categoría mayor es la de venado; es magra, de color rojo oscuro, y adecuada para hornear, asar a la plancha o saltear. La carne de caza menor tiene un sabor más delicado y una textura más suave; aquí se incluyen al conejo y la liebre. Las aves de caza incluyen la codorniz, que es la más popular, seguida por el faisán y la perdiz.

La compra

Están disponibles frescas o congeladas. Cuando las compre verifique que estén firmes, sin la superficie babosa o con olores extraños. Debe guardarlas envueltas y refrigerarlas a 5 °C o menos. Las carnes de caza frescas se cuelgan para que maduren, pero, por lo general, se venden ya maduras y listas para preparar.

La preparación

Según la tradición francesa, la carne de caza se marina en una mezcla de vino tinto, bayas, hierbas y especias. La carne de caza de criadero no necesariamente tiene que marinarse, ya que suele provenir de animales jóvenes y su sabor es más suave a comparación de la carne de los ejemplares salvajes.

63 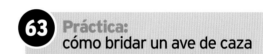 **Práctica:**
cómo bridar un ave de caza

Las aves de caza tienen menos grasa que las aves de corral, por ello se secan fácilmente durante la cocción. Deben bridarse para cocerlas de manera uniforme y cubrirse con una capa de grasa que se ata en la pechuga del ave; de esta forma se impide que se seque durante el horneando, además de otorgarle mayor sabor y suavidad. Para bridar al ave, enrede el hilo alrededor de los nudillos de los huesos de las piernas. Posteriormente, lleve el hilo al frente del ave hacia la pechuga, entre cada muslo y el pecho y átelo. Esto hará que el ave se cueza uniformemente. Siga la práctica 65 para saber cómo cubrirla con una capa de grasa.

Animales salvajes y domésticos
La carne de caza puede clasificarse como salvaje o de criadero. Los animales de caza salvajes habitan en su ambiente natural y se destinan al consumo personal de los cazadores. Los animales de caza de criadero provienen de granja y se pueden comprar todo el año.

64 Práctica: despiece un conejo

Los conejos son animales de madriguera pequeños y se han domesticado desde hace muchos años. Puede comprarlos frescos o congelados, enteros o en porciones. No es difícil cortar un conejo entero. Sólo se necesita una tabla de picar limpia y un cuchillo de chef.

1 Coloque el conejo de espaldas; retire los riñones y el hígado de la cavidad abdominal (se pueden comer en patés o terrinas).

2 Tire de las piernas traseras para exponer la articulación. Con el cuchillo de chef haga un corte cerca de la columna vertebral, a través de la articulación, para retirar las patas traseras.

3 Separe la pierna delantera del cuerpo y retírela con un corte entre el hombro y el cuerpo. Repita este proceso con la otra pierna.

4 Corte a través del esternón, abra la caja torácica y separe la carne de las costillas.

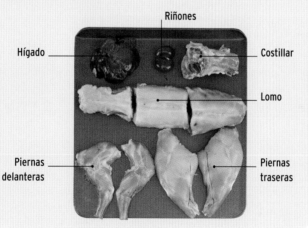

Hígado — Riñones — Costillar — Lomo — Piernas delanteras — Piernas traseras

5 Debe obtener 8 cortes contando el hígado y los riñones. El lomo puede cortarlo en las porciones que necesite.

65 Práctica: cómo cubrir con grasa un ave de caza

Una vez que haya bridado un ave de caza, puede cubrirla con grasa para otorgarle humedad y proteger la delicada pechuga. La más común es la proveniente de la espalda del cerdo o tocino.

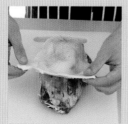

1 Cubra la pechuga del ave con una fina capa de grasa o tocino.

2 Ate un tramo de cordón alrededor del ave, asegurando la grasa con un nudo simple sobre la pechuga.

3 Ate otro tramo de cordón alrededor de la pechuga; dele vuelta al ave y haga otro nudo en la parte de la rabadilla.

4 El ave está lista para hornear.

54 | Las aves

La carne de las aves domesticadas para el consumo humano es la más popular en un menú. Existen seis principales: pollo, pavo, pato, ganso, gallina de Guinea y pichón.

El pollo y el pavo

Se dice que un buen cocinero se califica por su habilidad para hornear un pollo. Esto puede parecer fácil, pero la estructura del pollo pone a prueba incluso al chef más experimentado: las pechugas son tiernas y sólo necesitan un poco de calor para mantener su humedad y suculencia; mientras que las piernas y muslos son compactos y su carne más dura requiere más tiempo de cocción. Cada cocinero tiene una manera personal de hornear un pollo, pero seleccionar una buena ave es la mejor manera de comenzar. Debido a la demanda, puede comprar pavos durante todo el año, aunque la mayoría son congelados. Los pavos frescos abundan durante ciertas temporadas festivas en las ciudades, pero en muchas comunidades mexicanas se crían guajolotes (nombre mexicano para el pavo) para el consumo familiar.

El pato y el ganso

La mejor manera de comprar patos y gansos frescos es acudir con un productor local; de lo contrario, tendrá que comprarlos congelados. El pato tiene más sabor y grasa que el pollo y sus piernas son más tiernas, aunque tienen menos carne. El pato horneado es delicioso; muchos cocineros prefieren hornear la pechuga aparte de las piernas para mantenerla jugosa y en su punto. Las piernas son ideales para preparar un *confit*. Un ganso tiene mucha carne y es disfrutado de forma local en temporadas festivas.

Ganso cocinado a fuego lento
El ganso no sólo puede prepararse horneado, sino también a fuego lento en una cacerola.

La gallina de Guinea y el pichón

La gallina de Guinea es pariente del pollo y la perdiz. Es pequeña y posee carne oscura de buen sabor, aunque algo seca. Para mantener la humedad de la carne necesita cubrirla con grasa cuando la hornee. El pichón, por otro lado, es pequeño, de carne firme muy tierna.

Sazonar un ave

La versatilidad de las aves da cuenta de su popularidad. Cuando se hornean, sólo se necesita añadirles sal, pimienta negra y aceite de oliva. Puede hacer *gravy* con sus jugos o una *velouté* aromatizada con hierbas frescas, limón y pimienta negra para realzar el sabor de las aves.

66 | Práctica: separe una pechuga de pollo

Primero debe quitar el hueso del pescuezo. Esto se hace fácilmente insertando un cuchillo de chef en la cavidad del cuello y presionando contra el hueso para aflojarlo. Posteriormente, retírelo con la mano.

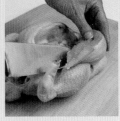

1 Coloque los dedos en el hueso del esternón. Con el cuchillo de chef haga un corte en uno de los lados del hueso.

2 Corte con cuidado a través de la carne hasta el hueso y separe la pechuga del cuerpo.

67 | Práctica: quite la piel y rebane

El pollo es una carne magra, pero necesita retirar la piel que es grasosa. De esta manera usted tendrá una carne más saludable para usted o sus clientes.

1 Sostenga la pechuga en su parte más gruesa y jale la piel en dirección opuesta.

2 Con un cuchillo de chef rebane la pechuga del grueso que necesite.

68 Práctica: despiece un pollo en ocho partes

Despiezar un pollo requiere gran habilidad que cualquier aspirante a cocinero profesional debe saber. Es más barato hacerlo uno mismo que comprarlo ya porcionado, con la ventaja de tener los huesos para realizar un fondo.

1 Coloque el pollo sobre una tabla para picar y con el cuchillo o unas tijeras elimine cualquier cordón que lo ate.

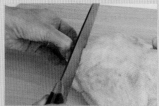

2 Gire el pollo pechuga abajo y corte la cola. Ésta es la parte más grasosa del ave.

3 Introduzca el cuchillo a lo largo de la columna vertebral. No corte los huesos, sólo corte la piel.

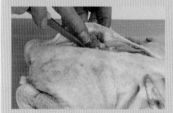

4 Con los dedos jale la piel de los huesos. Luego, con un cuchillo mondador, extraiga cuidadosamente de entre la pierna y la rabadilla, las *chicken oysters* (una de cada lado).

5 Gire el pollo y jale la piel de la pechuga. Posteriormente, corte la piel entre la pechuga y la pierna. Repita el procedimiento del lado opuesto.

6 Disloque las articulaciones de las piernas, girándolas al mismo tiempo.

7 Separe la pierna completamente del cuerpo con el cuchillo. No corte a través de los huesos, sino a través de la piel.

8 Corte la unión entre la pierna y el muslo para obtener piezas individuales.

9 Con ayuda de unas tijeras retire la rabadilla y guárdela para preparar un fondo de pollo.

10 Coloque la pechuga sobre la tabla. Corte a través de la piel y la carne, a cada lado del esternón, hasta llegar a los huesos.

11 Corte el hueso del esternón a la mitad con ayuda de unas tijeras para obtener dos piezas iguales.

12 Sostenga el ala con una mano y con la otra el cuchillo; corte la carne de la pechuga en un ángulo de 45 grados.

13 Corte con unas tijeras a través del hueso para tener dos porciones de carne de la pechuga. Repita la operación con la otra mitad.

14 Al final deben quedar ocho piezas: dos piernas, dos muslos, dos alas con carne de pechuga y dos trozos pechuga.

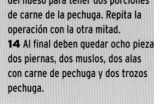

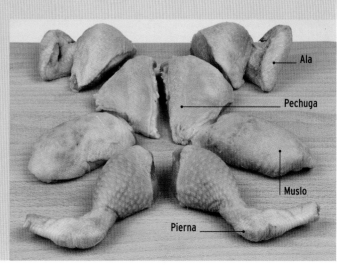

Ala

Pechuga

Muslo

Pierna

Los pescados

56

Los pescados se encuentran en agua dulce o salada. Hay miles de variedades en todo el mundo, aunque muchos se encuentran en peligro de extinción debido a la sobrepesca o a la contaminación de las aguas. Esto hace que sea muy importante que sepa cómo y dónde comprar los pescados para mantener su sustentabilidad.

Una opción saludable

Las poblaciones Japón o Escandinavia consumen grandes cantidades de pescado y presentan bajo riesgo de sufrir enfermedades cardiacas y varios tipos de cáncer en comparación con otros países. Lo anterior se atribuye al consumo de un componente llamado omega-3 presente en pescados grasos como el salmón, la trucha y el atún.

Las principales partes del pescado

Los pescados tienen cuatro partes: la cabeza, el cuerpo, la cola y las aletas. Los huesos, la cola, las aletas y la cabeza se utilizan normalmente para hacer *fumet* o condimentar sopas.

La mayoría de los peces son muy bajos en colesterol. La proporción de sus componentes es 70 por ciento de agua, entre 10 y 20 por ciento de proteína y sólo alrededor del 1 por ciento de grasa, además de rastros de vitaminas A, B y otros minerales y son bajos en calorías: en 120 g de carne hay aproximadamente 160 kcal en los pescados grasos como el salmón, y 70 kcal en los pescados magros como el lenguado.

La compra

La rapidez actual en el transporte del pescado hace que esté disponible en sitios alejados de sus lugares de pesca. Aún así, es muy importante saber identificar un pescado fresco y cómo almacenarlo correctamente.

La manipulación del pescado

Debe manipularlo cuidadosamente, ya que es uno de los alimentos más perecederos. El pescado se debe almacenar envuelto, a una temperatura de -1 °C, y guardarse en un refrigerador separado de otro tipo de alimentos.

69 **Práctica:** preparación previa

Lave el pescado entero bajo un chorro de agua fría. Coloque el pescado en una tabla para picar limpia y séquelo cuidadosamente con una toalla de papel por ambos lados. Esto evitará que el pescado se resbale al cortarlo.

El eviscerado

Si compra un pescado fresco entero, debe eviscerarlo lo más rápido posible, pues las vísceras se deterioran rápidamente y pueden descomponer la carne. Use el pescado inmediatamente después de su compra o refrigérelo como máximo entre uno y dos días.

La refrigeración y la congelación

Almacene el pescado congelado a una temperatura de -18 °C. Puede conservar en congelación los pescados planos hasta por un máximo de dos meses y los pescados redondos hasta un máximo de seis. Etiquete los pescados con nombre y fecha y envuélvalos bien para evitar que el frío los queme. Descongele los pescados en el refrigerador entre 18 y 36 horas antes de prepararlos.

Los pescados planos

Estos pescados nadan en el agua en sentido horizontal y pasan la mayor parte del tiempo en el fondo del océano. La variedad más conocida es el lenguado. Esta variedad de pescados tiene por lo general, la piel oscura en la parte posterior y blanca en la parte anterior. Tienen dos ojos en la parte superior de la cabeza y una espina dorsal por el centro del cuerpo y dos filetes de cada lado.

El pescado plano
Los pescados planos tienen cuatro filetes, dos a cada lado; encontrará que uno es más largo que otro.

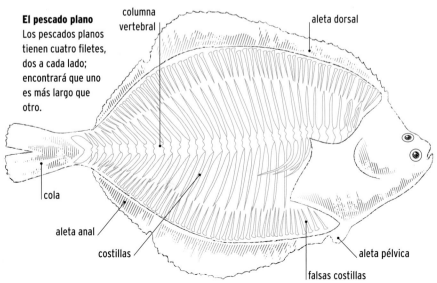

columna vertebral

aleta dorsal

cola

aleta anal

costillas

falsas costillas

aleta pélvica

Indicadores de frescura en un pescado

Características	Fresco	No fresco
Olor	fresco, a mar	fuerte, amoniaco,
Ojos	claros, brillosos y completos	hundidos, turbios
Textura de la carne	firme, elástica	blanda, al tocarla se hunde
Agallas	rojas luminosas o rosas	grises o cafés
Escamas	brillantes, húmedas, bien pegadas al cuerpo	sueltas, secas

70 Práctica: filetee un lenguado

Antes de empezar, localice con el dedo la columna vertebral, que corre por el centro del pez. Ahí hará el primer corte para retirar los filetes. Al igual que al cortar carne roja, mantenga el cuchillo cerca del hueso. Corte la mayor cantidad posible de carne; recuerde que entre más carne deje pegada al hueso mayor merma tendrá.

1 Coloque el lenguado sobre la tabla para picar y marque la columna vertebral con el cuchillo filetero.

2 Retire toda la carne introduciendo suavemente el cuchillo desde la cabeza hasta la cola, siguiendo la columna vertebral.

3 En la cola, corte la piel hasta el hueso. Esto facilitará obtener los filetes.

4 Con los dedos jale la carne a medida que corta el filete.

5 Tome su tiempo y deslice suavemente el cuchillo hasta el fondo del filete. Mantenga el cuchillo pegado a los huesos.

6 Con una mano sostenga el pescado y con la otra retire suavemente el filete.

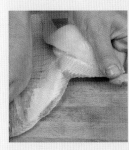

7 Una vez obtenido un filete, repita el proceso hasta extraer los cuatro filetes.

71 Práctica: retire la piel

Si fríe los filetes, déjeles la piel; esto ayudará a que el filete se mantenga en una sola pieza. Si pocha el filete, entonces retire la piel. El cuchillo fileteador de hoja flexible es el utensilio ideal.

1 Espolvoree un poco de sal en la cola del filete, así será más fácil sostenerlo al quitar la piel.

2 Sujete la piel y sostenga el cuchillo en un ángulo de 25 grados pegado a la piel. Con un movimiento continuo de vaivén lleve el cuchillo hasta el final del filete.

3 Sujete firmemente la piel y siga cortando hasta que haya retirado la piel del filete.

Pescados redondos

Como su nombre lo indica, estos pescados tienen forma redondeada y nadan en posición vertical. Tienen un ojo a cada lado de la cabeza, que puede ser redonda, comprimida u oval. La espina dorsal corre a lo largo del borde superior de su cuerpo. Entre los pescados redondos más populares se encuentran el bacalao, la trucha, el salmón y el huachinango.

Un buen cocinero profesional sabe cómo cortar y preparar el pescado entero. Si ya ha hecho las prácticas referentes a los pescados planos (ver páginas 56 y 57), entonces va por buen camino. Mientras algunos establecimientos compran el pescado cortado y listo para usar, otros prefieren comprarlos enteros para limpiarlos, porcionarlos y filetearlos de acuerdo a los requerimientos del menú.

El tamaño de la porción

Hay una considerable merma en la limpieza y división de las partes del pescado; la parte comestible puede ser tan sólo el 40 por ciento del peso total del pescado; el 30 por ciento los órganos internos, mientras que cabeza, piel y huesos pueden ser un 20 o un 30 por ciento. El tamaño de la porción servida al cliente por lo general varía entre 180 y 240 g.

Comprar pescado

Si compra el pescado entero, éste tendrá sus órganos internos intactos; necesitará ser hábil para prepararlo y servirlo a la brevedad, ya que su vida de anaquel es muy corta. Algunos de los mejores establecimientos compran los pescados enteros para prepararlos en la cocina y posteriormente usar los huesos en un fumet para sopas y salsas.

Si compra el pescado eviscerado, en realidad está comprando el pescado entero (con agallas, aletas, escamas y a veces cabeza) pero sin órganos internos. Los peces eviscerados tienen una vida de anaquel más larga y muchos establecimientos de servicio de alimentos los compran así.

La preparación

Un pescado entero tiene dos filetes, uno de cada lado, y se pueden ofrecer con o sin piel. La forma más popular para consumirlo es en filetes. Si el pescado ha sido abierto en mariposa, se le deja la piel, deshuesándolo y cortándolo para abrirlo, dejando unida la carne de ambos filetes. Las postas son los cortes transversales del pescado por lo general con la piel y las vértebras intactas. El pescado cortado en trozos se utiliza para hacer brochetas, guisos de pescado y sopas.

Almacenamiento del pescado

Fresco	no está congelado ni refrigerado
Refrigerado	mantenido a temperatura entre -1 y 1 °C
Congelado rápido	congelado a pocas horas de su captura
Congelado fresco	congelado mientras todavía está fresco
Congelado	sometido a temperaturas de -18 °C o menos para preservar su calidad
En hielo	sumergido en agua con hielo

El pescado debe mantense frío en todo momento, excepto si se consume recién capturado.

(72) Práctica: retire las escamas

Use la parte posterior del cuchillo de chef para retirar las escamas. Para ello, sostenga la cola del pescado con una mano y el cuchillo con la otra en un ángulo de 45 º respecto al cuerpo del pescado. Raspe en contrasentido de las escamas desde la cola hasta la cabeza.

Cortar el pescado

Al cortar los pescados siempre quite las agallas si va a servir el pescado entero o si utiliza la cabeza y los huesos para un caldo; se recomienda esto porque las agallas son de sabor amargo. Puede dejar la cabeza, ya que facilita voltear el pescado durante la cocción y contribuye a la presentación del plato terminado. En la cabeza de un pescado redondo grande se encuentran los cachetes, que son particularmente deliciosos.

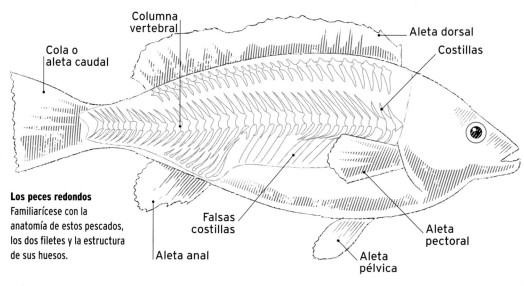

Los peces redondos
Familiarícese con la anatomía de estos pescados, los dos filetes y la estructura de sus huesos.

Columna vertebral · Aleta dorsal · Costillas · Cola o aleta caudal · Falsas costillas · Aleta anal · Aleta pélvica · Aleta pectoral

73 Práctica: eviscerado de pescados redondos

Antes de cocinar un pescado entero o filetearlo, es necesario retirar las vísceras. Asegúrese de limpiar el pescado y también su tabla de picar, para no transferir bacterias.

1 Coloque una mano sobre el pescado y con la punta del cuchillo filetero, atraviese la piel desde la abertura anal hasta las aletas que están detrás de las agallas.

2 Abra el pescado y retire las vísceras con un solo movimiento. Es posible que desee usar guantes en este paso.

3 Sostenga las vísceras y, con unas tijeras, corte la unión que las mantiene al cuerpo; deséchelas. Lave y seque el pescado antes de utilizarlo.

74 Práctica: corte y despelleje un rape

El rape tiene dos filetes, uno a cada lado de la columna vertebral, y se extienden desde la cabeza hasta cola. Se trata de un delicioso pescado, con carne firme que se lleva bien con la mayoría de los sabores: con salsa de jitomate, servido con pasta fresca y ligera, o cocinado a la plancha o al horno y servido con aceite de oliva y jugo de limón, acompañado de una ensalada fresca. El rape no tiene escamas; todo lo que necesita es asegurarse de lavar bien el pescado antes de cortarlo.

1 Corte la aleta dorsal con unas tijeras de cocina.

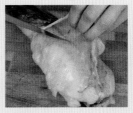

2 Retire la piel con el cuchillo filetero; corte con cuidado a través de toda la membrana que une la piel con la carne.

3 Sostenga la parte superior del pescado con la palma de su mano y jale la piel hacia atrás.

4 Identifique en dónde empieza la columna vertebral y con su cuchillo separe la carne del hueso.

5 Retire los filetes y cualquier membrana delgada que pueda estar todavía en la carne.

6 Corte los filetes en porciones de tamaño uniforme.

75 Práctica: filetee un pescado redondo

Filetear un pescado redondo es similar a filetear uno plano. Recuerde que debe cortar con el cuchillo filetero lo más cerca posible de los huesos. Para quitar las espinas o costillas falsas necesita unas pinzas para pescado que le facilitarán mucho el trabajo.

1 Corte las aletas pectorales y la aleta dorsal con las tijeras de cocina.

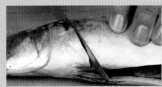

2 Haga la primera incisión justo detrás de las aletas pectorales, de manera diagonal, en cada uno de los costados del pescado y corte hasta sentir la columna vertebral.

3 Voltee el pescado y corte siguiendo la columna vertebral; mantenga el cuchillo lo más cerca posible del hueso. Jale la carne y haga un corte largo desde la cabeza hasta la cola.

4 Inserte el cuchillo a lo largo del costado del pescado.

5 Coloque una mano sobre el pescado y corte con el cuchillo a lo largo de la columna vertebral. Desprenda el filete.

6 Utilice su cuchillo para separar los filetes del vientre y retire las espinas con unas pinzas.

Los mariscos

Los mariscos tienen conchas o caparazones que protegen sus cuerpos, pero no tienen esqueletos internos ni columna vertebral. Se dividen en tres categorías: moluscos, crustáceos y cefalópodos.

Nutritivos y deliciosos
Los mariscos son una excelente fuente de proteína.

Los mariscos han estado presentes en la alimentación humana durante siglos y han sido grandes proveedores de nutrimentos. Actualmente, los mariscos pueden ser una fuente económica de proteína (mejillones o caracoles), o alimentos de lujo (langosta y vieiras). La demanda de estos productos es tan grande que hay muchos mariscos criados en granjas.

Contenido nutrimental

Los mariscos son ricos en proteínas, hierro y vitaminas del grupo B, y relativamente bajos en grasas. La mayoría se pueden comer crudos, manera habitual de consumirlos en Asia, sobre todo en Japón.

Comida delicada

Los mariscos son delicados y necesitan poco tiempo de cocción, de lo contrario, se vuelven duros y correosos. Debe aprender a prepararlos y cocerlos a la perfección, tarea que, al igual que cualquier otra en la cocina, requiere de mucha práctica.

Los mariscos frescos o congelados

Los mariscos se venden frescos o congelados. Si los elige frescos, obsérvelos cuidadosamente para detectar cualquier movimiento en cangrejos y langostas, mientras que los mejillones, las almejas y las ostras deben tener las conchas bien cerradas o, en caso de que estuviesen

abiertas (ya que cuando envejecen se empiezan a abrir), deben cerrarse de golpe al tocarlas, de lo contrario no las utilice, pues ya están muertas. Todos los mariscos deben tener un dulce aroma a mar.

Compre en lugares seguros

Al igual que el pescado, los mariscos se descomponen rápidamente debido a la acción de las bacterias. Todos los mariscos, especialmente los moluscos, pueden tener parásitos si han sido criados en aguas contaminadas, lo que puede provocar enfermedades gastrointestinales si se comen crudos; esto significa que los mariscos deben consumirse únicamente si provienen de aguas certificadas. Cada contenedor de marisco debe tener una etiqueta que registre sus orígenes. Con la excepción de los camarones, que no están vivos cuando se compran frescos, los crustáceos deben estar vivos y vigorosos cuando se tocan. Compre sólo los más frescos que pueda encontrar en su lugar de confianza, ya que, cuanto más tiempo están en cautiverio, incluso estando vivos, pierden tejido muscular. Por esta razón, debe comprarlos lo más pronto posible después de que hayan sido capturados y servirlos de inmediato, para ofrecer un plato fresco con el mejor sabor.

Tipos de mariscos

Los moluscos poseen un cuerpo blando y segmentado dentro de una concha. Se dividen en dos subcategorías: bivalvos y univalvos. Los bivalvos, como las ostras, los mejillones y las almejas, tienen dos conchas, una superior y otra inferior, unidas por una articulación. Los univalvos, como los caracoles y el abulón, tienen sólo una concha y poseen un pie para adherirse a las rocas.

Los crustáceos, como los cangrejos, las langostas y los camarones, tienen esqueletos externos segmentados (llamados caparazones) y patas articuladas. La mayoría son de agua salada pero hay algunas excepciones como los cangrejos de río.

Los cefalópodos, como el calamar y el pulpo, tienen un delgado esqueleto interno, pero no poseen protección exterior. Tienen tentáculos unidos a la cabeza, para impulsarse en el agua.

76 **Práctica: extraiga la carne de un cangrejo de río**

Estos cangrejos se capturan en ríos de agua dulce o estanques y se pueden adquirir vivos o congelados. La carne de la cola es tierna y jugosa, mientras que la cabeza aporta sabor a caldos y salsas.

1 Desprenda la cola de la cabeza y elimine dos de las secciones superiores de la cáscara de la cola para descubrir la carne.

2 Para aflojar la carne, apriete la cola con los dedos y corte la parte inferior de la concha con unas tijeras de cocina.

3 Retire con cuidado la carne de la cola en una sola pieza. Posteriormente, retire la vena intestinal de la cola.

77 Práctica: prepare langosta

La langosta es uno de los mariscos más populares y deliciosos. Se puede escalfar, cocer al vapor, hornear o cocinarla sobre la plancha y servirla caliente o fría con mantequilla derretida. Si la compra viva, busque que se mueva bastante y que tenga la cola bien enroscada. Debe ser más pesada de lo que parece. Meta la langosta entre 15 y 20 minutos en el congelador para inmovilizarla antes de hervirla. La langosta congelada debe ser de color rojo luminoso y oler a fresco. Existen dos tipos principales de langosta: con tenazas (americana) y sin tenazas (espinosa o langosta de roca).

1 Con un cuchillo de chef corte la langosta en dos mitades a lo largo. Retire y deseche el estómago de ambas mitades.

2 Retire y deseche el tracto intestinal, extraiga la carne de la cola y resérvela.

3 Quiebre las tenazas con ayuda del cuchillo y extráigales la carne.

78 Práctica: prepare cangrejo

Hierva el cangrejo en agua con sal entre 12 y 15 minutos, dependiendo de su peso y tamaño. Posteriormente retírelo del agua, deje que se enfríe y desprenda las tenazas y las patas.

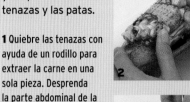

1 Quiebre las tenazas con ayuda de un rodillo para extraer la carne en una sola pieza. Desprenda la parte abdominal de la concha del cangrejo y deséchela.
2 Retire las agallas y deséchelas.
3 Retire los órganos internos y deséchelos. Al final sólo quedará la carne blanca.

79 Práctica: prepare langosta viva

Hay dos maneras de cocer una langosta viva. Si desea conservarla entera, entonces necesita hervirla. De lo contrario, debe prepararla como se muestra en esta secuencia. Sosténgala justo detrás de la cabeza. Si está muy fresca arqueará la espalda y extenderá sus tenazas, éstas deben estar atadas con bandas elásticas.

1 Coloque la langosta viva sobre la tabla para picar. Si se mueve mucho, es muestra de que está fresca y saludable.

2 Coloque un cuchillo de chef sobre la cruz marcada en la cabeza de la langosta e insértelo con un movimiento rápido.

3 Mueva la punta del cuchillo atravesando la cabeza hasta llegar a la tabla para picar.

4 Voltee la langosta e inserte la punta del cuchillo a través del caparazón de la cola y córtela a lo largo.

5 Tome la mitad y retire con cuidado la bolsa del estómago, justo detrás de los ojos, y deséchela. Haga lo mismo con la otra mitad.

6 Con un cuchillo pequeño retire cuidadosamente el tracto intestinal de ambos lados de la cola.

7 Abra ligeramente las tenazas con el dorso del cuchillo para asegurar una cocción uniforme y que sea fácil sacar la carne.

La frescura de los moluscos

Los moluscos bivalvos, como los mejillones, las almejas, las ostras y los ostiones, tienen dos conchas y viven en agua salada. Los univalvos, como el abulón y el caracol, viven

Seguridad de las ostras
Una concha cerrada, o una que se cierra cuando se toca, es señal de que la ostra está sana y puede comerse. Viva, o sin concha, las ostras deben tener un olor suave y dulce.

en una concha y pueden ser de agua dulce, agua salada o terrestres. Todos los moluscos deben estar muy frescos y sus conchas deben estar bien cerradas, sin grietas ni roturas. Los moluscos bivalvos pueden estar ligeramente abiertos, pero se cerrarán si le da unos golpes suaves a la concha; si no lo hacen, deséchelos inmediatamente, porque están muertos y no deben comerse. Las almejas se deben sentir pesadas cuando las sostenga.

Las ostras son propensas a contaminarse durante el verano, por lo cual tienen una etiqueta de caducidad. Una regla a seguir es consumirlas únicamente en los meses cuyo nombre tenga la letra "R"; otra regla, es comprar ostras con una etiqueta que identifique su origen, además de verificar que siempre estén bien cerradas.

La refrigeración de los moluscos

Para almacenar moluscos siga las mismas indicaciones que para almacenar pescados (ver página 56), pero nunca los guarde o congele vivos en bolsas de plástico. Guárdelos en la caja o bolsa en que fueron empacados y colóquelos en una bandeja sobre hielo. Los moluscos pueden servirse crudos, cocidos, al vapor, escalfados, pasados por agua o fritos.

El surimi

Es de origen japonés, y normalmente se elabora con abadejo deshuesado, enjuagado y hecho pasta. Antes de cocerlo, se añaden diversos ingredientes saborizantes como cangrejo y langosta. Por lo general, el *surimi* se etiqueta como imitación de carne de cangrejo; se puede utilizar en ensaladas, botanas, rollos de sushi, guisos, sopas o como una alternativa económica de los mariscos.

80 Práctica: abra las ostras

La mejor herramienta que puede utilizar para abrir una ostra es un cuchillo hecho especialmente para abrir las conchas sin dañar la carne jugosa. Lave las conchas de las ostras antes de abrirlas, y si las va a utilizar como recipiente para servirlas, escoja la concha inferior (la más profunda de las dos), misma que debe estar intacta y en buen estado.

1 Envuelva su mano en un trapo de cocina sin exponer ninguna parte de la misma. Agarre la ostra con la mano envuelta y coloque la punta de su cuchillo en la articulación de la ostra.

2 Introduzca el cuchillo entre las dos conchas, gírelo y rompa la articulación que las une. Tenga cuidado, ya que tal vez tenga que usar un poco de fuerza.

3 Una vez rota la articulación, deslice el cuchillo suavemente por la abertura de la ostra, cuidando de no dañar el interior.

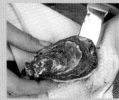

4 Siga deslizando lentamente el cuchillo alrededor de la abertura de la ostra. Ahora puede quitar el trapo de cocina.

5 Retire con cuidado la concha superior con los dedos, corte las agallas con el cuchillo y retire la concha completamente.

6 Tenga cuidado de no perforar la carne o derramar cualquiera de sus jugos naturales, utilice el cuchillo para aflojar la ostra de la concha.

7 Una vez cortado el extremo inferior del músculo de la concha base, la ostra quedará suelta.

8 Retire cualquier partícula de la concha antes de servirla.

81 Práctica: limpie un calamar

Lave y seque el calamar y colóquelo sobre una tabla de picar. Comience desprendiendo la cabeza del cuerpo principal. Esto eliminará los intestinos y la bolsa de tinta en un solo paso.

1 Separe los tentáculos que comienzan justo debajo de la cabeza. Consérvelos.

2 Retire con cuidado la pluma del cuerpo y deséchela.

3 Lave el interior del cuerpo y después corte el calamar en rodajas o déjelo entero para rellenar.

Frescura de los cefalópodos

Los calamares y los pulpos pertenecen a la categoría de los cefalópodos. Los puede comprar frescos o congelados, y sus sacos de tinta pueden usarse en diferentes preparaciones culinarias. Debe limpiar el calamar antes de cocinarlo. El pulpo es más común que se venda limpio y congelado. Al igual que con todos los mariscos, cómprelos en un lugar de confianza y cocínelos lo más pronto posible.

Refrigeración de cefalópodos

Para almacenar los cefalópodos siga las mismas indicaciones del almacenamiento de pescado (ver página 56). Los calamares y las sepias se pueden cocinar a la plancha, pochados o fritos, mientras que el pulpo tiene que precocerse en agua hirviendo con sal y un *bouquet garni* durante una hora aproximadamente, dependiendo de su tamaño y edad.

82 Práctica: limpie vieiras

Las vieiras se recolectan todo el año en aguas de todo el mundo. En Europa, tanto la carne blanca como el coral se comen, mientras que en los Estados Unidos sólo se come la carne blanca.

1 Coloque el lado plano de la vieira hacia abajo, y ponga una mano encima para sujetarla. Inserte la punta del cuchillo entre las dos conchas.

2 Deslice lentamente el cuchillo a lo largo de la abertura de la vieira.

3 La concha empezará a abrirse. Corte y remueva con el cuchillo el callo pegado a la concha inferior.

4 La concha se separará fácilmente y la carne se mantendrá en la parte curva de la concha.

5 Retire con cuidado toda la carne ayudándose de una cuchara.

6 Deseche las agallas y el estómago. Reserve el coral, el cual se puede comer si las vieiras son frescas.

7 Retire la membrana que cubre la carne.

8 La vieira ahora está limpia y lista para usarse.

Los mariscos crudos

Las cocinas de Japón, el Mediterráneo y América del Sur han servido mariscos crudos durante cientos de años. Las almejas y las ostras en su concha se han ofrecido en los mejores restaurantes y hoteles desde hace décadas; actualmente son comunes en los restaurantes de mariscos en todo el mundo, y es cada vez más común que se ofrezcan preparaciones ligeras con pescados y mariscos crudos. Para apreciar mejor la textura y el sabor de estos mariscos, generalmente se sirven con guarniciones de vegetales crudos que contrastan su sabor, además de sazonarse con cítricos, hierbas frescas, chiles y aceite.

Advertencia

Recuerde que los pescados y los mariscos crudos son alimentos potencialmente peligrosos, por lo tanto, es fundamental abastecerse de los productos más frescos con proveedores de confianza. Asimismo, antes de añadirlos a su menú, consulte con el departamento de salud local las regulaciones relacionadas con el servir la comida cruda.

Las vieiras
Las vieiras casi siempre se venden congeladas y abiertas. Si están disponibles en su concha, el esfuerzo de abrirlas valdrá la pena gracias a la frescura y el sabor que tendrán.

64

Los condimentos, rellenos y empanizados

Lograr el mejor sabor en la comida es una habilidad que se desarrolla por medio de la concentración, la práctica y una comprensión básica de los ingredientes utilizados para cada platillo.

Parte de las habilidades básicas que un cocinero debe dominar se demuestran en los últimos toques que se añaden a un platillo. Los condimentos fundamentales son la sal y la pimienta; sin embargo, es necesario el uso de hierbas, especias y otros compuestos aromáticos para crear un sabor agradable. Los rellenos son otra forma de incrementar el sabor de las preparaciones, la humedad y la textura, mientras que el empanizado brinda un acabado delicioso y crujiente.

La sal y la pimienta

Saber condimentar en el momento preciso le ayudará a dar el mejor acabado posible a su platillo. La sal y la pimienta son fundamentales para destacar el sabor natural de la carne, el pollo, el pescado o cualquier otro plato; añadirlas en las primeras etapas de la preparación de la comida resaltará su sabor inherente, pero si las agrega al final de la preparación, el plato puede quedar mal sazonado. Por esta razón, es preferible probar la comida mientras la cocina, así sabrá cuándo condimentarla, y logrará el resultado deseado. Usar la punta de los dedos es la mejor manera para agregar cualquier condimento, pues así se puede controlar la cantidad.

Elementos aromáticos

La sal y la pimienta son condimentos fundamentales, pero también el uso de especias, hierbas y otros elementos aromáticos ofrecen ciertas notas de sabor. Las hierbas y las especias se añaden regularmente durante las primeras etapas de cocción para intensificar el sabor del producto.

Para resaltar el sabor de las especias, primero debe tostarlas, enfriarlas y luego molerlas. Después, deberá añadir esta mezcla aromática al producto que cocinará y colocarlo en refrigeración, lo cual permitirá que los sabores sean absorbidos.

El sabor de las especias se liberará en la preparación conforme se realiza el proceso de cocción, especialmente si el plato es una sopa o un estofado. El uso de hierbas frescas mezcladas, pan molido, ajo picado y queso rallado es ideal para empanizar carnes, aves o pescados.

Los rellenos

Los rellenos añaden sabor, textura y humedad. Un relleno puede estar hecho con pan, carnes, mariscos o vegetales cocinados, dependiendo del resultado que desee obtener.

Necesita enfriar el relleno terminado antes de usarlo, y durante la fase final de cocción es importante que la comida alcance una temperatura que esté fuera del rango de peligro. Por esta razón, algunas preparaciones se omiten en las cocinas profesionales, como los pavos enteros, ya que existe el riesgo de que la carne se queme antes de que el relleno esté bien cocido. Si el relleno se cocina aparte de la carne, se lleva a la mesa a manera de guarnición; sin embargo, puede rellenar alimentos más pequeños, como el pollo, ya que es más fácil que alcancen la temperatura necesaria durante su cocción, y no presenten ningún riesgo de intoxicación para sus clientes.

Las marinadas básicas

Las marinadas usualmente contienen aceites que aportan sabor y cuerpo. Otros elementos son los vinos, los vinagres, las frutas, los jugos y los yogurts que aportan un gusto ácido y modifican la textura del alimento, además del sabor que aportan las hierbas frescas, las especias y los vegetales.

El tiempo de marinado que requiere un alimento depende de su textura. Los pescados y mariscos delicados pueden marinarse sólo entre 10 y 15 minutos, pero una pierna de cordero puede tomar horas o incluso días en absorber el sabor. Las marinadas también se pueden servir como salsas para acompañar la comida lista para servir. Recuerde sumergir totalmente los alimentos en la marinada para su correcta absorción, además de vigilar su cocción, ya que las hierbas y otros compuestos aromáticos que ésta contenga pueden quemarse fácilmente.

83 Práctica: prepare pan molido

1 Corte en cubos un pan viejo que tenga entre 2 y 4 días; coloque los cubos en un procesador de alimentos y muélalo finamente.

2 Para mejores resultados, pase el pan molido por un colador fino y así obtener granos finos y homogéneos. Puede añadirle sabor con hierbas picadas o especias molidas.

84 Práctica: empanice una pechuga de pollo

Los alimentos empanizados generalmente se fríen en un sartén o sumergidos en una freidora. La capa de pan forma un sellado sólido alrededor del producto y previene que la grasa entre en contacto directo con la comida; de lo contrario, el alimento resultaría muy grasoso.

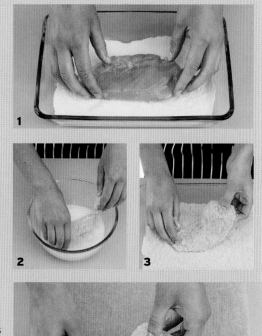

1 Seque las pechugas con papel absorbente, agrégueles sal y pimienta, enharínelas y sacuda el exceso.

2 Sumerja el pollo en una mezcla de huevo batido y leche.

3 Cubra cada pechuga totalmente con el pan molido y sacuda el exceso.

4 Coloque las pechugas en una charola y refrigérelas por lo menos treinta minutos antes de cocerlas. Esto ayudará a que el pan molido se adhiera mejor a las pechugas.

Los empanizados

65

Los empanizados han sido utilizados durante mucho tiempo para proteger alimentos delicados que podrían estropearse al contacto directo con el aceite caliente, y para crear deliciosas cortezas crujientes. Cubrir con harina condimentada, huevo batido y pan molido es considerada la forma más eficiente de empanizar.

Sea fresco o viejo, puede utilizar pan blanco de cualquier tipo; además, puede añadir otros ingredientes como nueces, coco, cereales, queso rallado, pasta de ajo o hierbas picadas.

Es recomendable usar una sola mano cuando empanice, ya que la otra mano debe quedar limpia y libre para manejar cualquier equipo de cocina. Cuando termine, lave inmediatamente los recipientes y utensilios utilizados para evitar cualquier contaminación cruzada.

85 Práctica: cubra con especias

Muela en un mortero o en una licuadora una mezcla de hierbas secas y especias al gusto. Añádalos al producto que desee aromatizar.

86 Práctica: haga un relleno de hierbas para carnes o aves

Los rellenos de pan generalmente contienen vegetales aromáticos como cebollas, ajos u hongos, y se sazonan con hierbas y especias frescas, además de incorporarles vino, fondo o huevos.

1 Caliente aceite en una cacerola y fría ligeramente durante 4 minutos chalotes, ajo y cebolla picados finamente.

2 Agregue un poco de vino blanco o fondo para aportar sabor y humedad.

3 Incorpore cualquier hierba fresca picada como cebollín, tomillo o salvia.

4 Añada pan molido, mezcle y sazone con sal y pimienta. Si es necesario, agregue más fondo.

Técnicas de cocción con calor seco y grasa

Al cocer al horno o a la parrilla, freír o saltear, obtenemos una capa dorada y sabrosa en el exterior, y un producto jugoso por dentro.

Si utiliza porciones pequeñas de carne, aves o pescado, notará que asar, freír o saltear resulta mucho más efectivo. Usualmente hornear es más apropiado para cortes grandes de carne y aves, así como para pescados enteros, ya que éstos requieren mayor tiempo de cocción.

Asar a la plancha o al horno

Asar una comida es cocinarla directamente sobre una superficie como una plancha, parrilla o sartén, en donde el calor llega por debajo. Cuando la fuente de calor llega por arriba, se llama rostizar. En ambos métodos, la comida usualmente se barniza con aceite antes de iniciar la cocción. Los cortes más suaves como el filete o las costillas de res, ternera, cerdo, cordero, aves, o cortes de pescado, como salmón

Elija correctamente la técnica de cocción
La cocción con calor seco es la opción ideal para cocinar un filete de salmón.

y atún, se cuecen bien al horno y a la plancha. Los cortes menos suaves también se pueden cocer de este modo, pero debe quitarles la grasa, los tendones, y cortarlos en pedazos iguales, además de que puede golpearlos ligeramente con un mazo para obtener el mismo grosor. Cualquier producto necesita ser sazonado, engrasado ligeramente o marinado antes de colocarlo sobre la plancha o dentro del horno.

Hornear y rostizar

Cuando hornea o rostiza, está usando el calor indirecto para darle a la comida un exterior crujiente y un interior jugoso. Mientras las capas externas de la comida se secan y doran, los jugos naturales se convierten en vapor y la cuecen por dentro. Antes de comenzar la cocción, debe asegurarse de que la temperatura del horno sea la correcta para obtener el mejor resultado.

Condimente bien la carne, antes de meterla en el horno. Aplique una capa de hierbas y especias aromáticas o marine el producto previamente. Puede rellenar piezas grandes de carne o aves y pescados enteros antes de cocerlos. Es usual comenzar la cocción a altas temperaturas (220 ºC) para dorar las piezas antes de reducir la temperatura (180 ºC) y obtener una cocción uniforme.

El salteado

Con el método de salteado la comida se cuece a fuego alto y con una pequeña cantidad de grasa. Los productos se cortan en trozos y se cocinan en secuencia, primero los alimentos que requieran más tiempo de cocción, seguidos de los de cocción más rápida. Es frecuente que la

87 Práctica: ase filetes

Precaliente la parrilla y tenga todos los ingredientes listos. Condimente los filetes, barnice las barras de la parrilla con aceite y coloque los filetes sobre ella. Para obtener las marcas de la parrilla en sus filetes, gírelos 90 grados después de que aparezcan las primeras marcas. Dele vuelta a la carne y termine de cocer al término deseado. Vea la práctica 54 (página 46) como guía.

88 Práctica: trinche un pollo horneado

Hornear es una técnica sencilla. Coloque la pieza de carne, de caza o el ave en una charola con una cama de *mirepoix* y cueza dentro del horno precalentado a una temperatura entre 160 y 220 ºC, hasta que el producto esté listo.

Todas las carnes necesitan reposar antes de trincharlas para que no se desjuguen.

1 Coloque el pollo sobre la tabla para picar y corte entre la pierna y la pechuga. Retire la pierna con el muslo.

2 Corte la pechuga por el centro en dos mitades y retírelas completamente; después, separe cuidadosamente las alas.

3 Retire la pierna y el muslo del otro lado. Ahora corte y separe las piernas de los muslos.

salsa que acompañará a un alimento salteado se realice en el mismo sartén en donde coció la carne para recuperar los sabores que se liberaron durante la cocción. Para saltear, elija cortes como el filete de res, ternera, cordero y cerdo. Las aves y la caza también dan buenos resultados en el salteado, así como pescados de textura firme como el salmón o el rape, o los mariscos sin concha. Necesita pinzas para voltear los alimentos y moverlos en el sartén durante su cocción.

La fritura en sartén

Para freír en un sartén se requiere más grasa o aceite que con el salteado. Usualmente el aceite cubre dos tercios o la mitad de los alimentos que se fríen en él. Los alimentos fritos normalmente están capeados, rebozados o empanizados. En el sartén, el calor del aceite sella la cobertura de la superficie de la comida, conservando así los jugos dentro de ésta.

Los cortes suaves, tales como filete o lomo de cerdo y res, así como las pechugas de aves o los filetes de pescados como el lenguado, son ideales para esta técnica. Debe calentar la grasa o el aceite lo suficiente para formar una corteza dorada en el exterior de la comida.

La fritura profunda

La fritura profunda, al igual que la fritura en sartén, proporciona un exterior dorado y crujiente, además de un interior jugoso y con sabor. La diferencia es que en la fritura profunda el alimento se sumerge completamente en el aceite. Antes de freír, los alimentos pueden ser rebozados, capeados o empanizados. Con esta técnica, los alimentos se cuecen rápida y

89 Práctica: saltee una pechuga de pollo

Un salteado exitoso se logra con una temperatura elevada y una cantidad mínima de grasa en el sartén para cocer rápidamente el alimento.

1 Caliente el sartén a fuego medio-alto. Añada el aceite, caliéntelo hasta que casi salga humo y coloque las pechugas.

2 Cueza las pechugas hasta que tengan un color dorado; voltéelas y dore el lado contrario hasta terminar de cocer.

uniformemente si todos los trozos o piezas son del mismo tamaño y grosor.

Usted puede utilizar este método con pescados delicados, mariscos, aves y vegetales.

Las freidoras eléctricas y las de gas se usan en cocinas profesionales. Éstas son más seguras que un sartén lleno de aceite sobre la estufa. La temperatura para freír oscila entre los 160 y los 190°C. La temperatura del aceite disminuirá cuando agregue algún alimento, así que sólo meta una o dos piezas a la vez, de lo contrario, tomará más tiempo alcanzar la temperatura adecuada. Es necesario una charola con papel absorbente para eliminar el exceso de grasa en los alimentos.

90 Práctica: desglase un sartén

Las salsas que se obtienen al desglasar acompañan muy bien a los alimentos salteados. Estas salsas están hechas con el líquido producido durante la cocción del alimento salteado. Desglasar significa remover las partículas de la comida adheridas al fondo del sartén o cacerola, con algún líquido que puede ser un fondo o vino. El líquido extraído se utiliza posteriormente como base para la salsa y contribuye para realzar su color y su sabor.

1 Después de retirar la comida salteada, retire el exceso de grasa y añada un poco de vino.

2 El vino disolverá las partículas doradas que se hayan caramelizado en el fondo del sartén.

3 Deje que el vino se evapore hasta casi secarlo; si desea, agregue un poco de fondo y crema ácida.

4 La salsa puede necesitar algún agente espesante, como fécula de maíz disuelta en agua fría; si lo desea, añádalo y cueza hasta lograr la consistencia deseada.

5 Si no utiliza ningún agente espesante, reduzca la mezcla hasta obtener la consistencia deseada. Pruébela y finalice agregando sal, pimienta y hierbas frescas.

Técnicas de cocción con calor húmedo y mixtas

Estas técnicas consisten en cubrir los alimentos con líquidos o en someterlos al calor del vapor de agua para cocerlos. Brasear y estofar son métodos de cocción mixtos, son ideales para cocinar ingredientes baratos como los cortes más duros de carne.

Debe experimentar con diferentes ingredientes para hervir y estofar. Recuerde que con los métodos de cocción por líquido generalmente se obtienen platillos más ligeros en cuanto a sabor y color.

Cocer al vapor

El uso de vapor es un método de cocción donde el alimento es totalmente rodeado de vapor de agua en un recipiente cerrado. Ideal para cocer pescado o aves, con esta técnica los alimentos conservan su propio sabor, además de que no pierden volumen y tienen una textura jugosa y suave.

Se pueden usar diferentes líquidos para cocer al vapor, como agua, caldo corto, fondo, vino, o incluso cerveza. Elementos aromáticos como las hierbas, las especias, el ajo, el jengibre, los chalotes, los hongos o incluso un *mirepoix*, pueden realzar el sabor del producto o utilizarse como parte del platillo. En México se consumen preparaciones al vapor envueltas en hojas como los mixiotes y los tamales.

El empapelado o *papillote*

El empapelado es una técnica de cocción al vapor, en la que el alimento principal y los ingredientes que lo acompañan se envuelven en papel encerado o aluminio. El alimento envuelto se somete al calor sobre un sartén y se cuece hasta que el papel se expande y se torna café; otra forma de cocer el alimento es dentro del horno. Puede ser difícil determinar si el alimento se ha cocido de manera adecuada, por lo tanto, debe conocer perfectamente los tiempos de cocción de los alimentos elegidos. Generalmente se someten a este método de cocción carnes delicadas y vegetales. Es común añadir al papillote algún líquido como vino o fondo para que actúe como vapor al momento de la cocción.

El pochado

En esta técnica, los alimentos se cuecen con una combinación de vapor y hervido lento, ya que la comida está parcialmente sumergida en líquido, que suele ser agua, fondo o consomé con un toque de vinagre o vino.

Se pueden agregar elementos aromáticos. El líquido de cocción generalmente se reduce y funciona como una salsa para acompañar al platillo. El pescado en cortes adecuados, las pechugas de pollo, los huevos y los crustáceos

91 Práctica: cueza en *papillote*

Corte un pedazo de papel encerado en forma de corazón, lo suficientemente grande como para contener una porción de pescado y vegetales. Barnice el papel con mantequilla, coloque dentro el pescado y los vegetales finamente cortados, vierta un poco de vino y cierre el *papillote* doblando ambos bordes, uno sobre otro. Colóquelo en una charola y hornee a 180 °C durante 12 minutos o hasta que el contenido esté cocido.

se cuecen a la perfección con esta técnica. Unas tenazas y una espátula serán de utilidad para levantar los alimentos cocinados. Requerirá también de un colador para la salsa.

Hervir a fuego bajo

El pochado y el hervido a fuego lento son similares, en el sentido de que la comida se sumerge en un líquido. Cocer a fuego bajo se hace a una temperatura baja, y es apropiado para cortes finos de carne, aves y pescado; si quiere cocer cortes más gruesos como pescados o aves enteros, o grandes trozos de carne, tendrá que elevar la temperatura. Necesita una olla grande para hervir y cocer exitosamente los alimentos. No coloque la tapa sobre la olla, ya que esto puede ocasionar que la temperatura del líquido aumente más de lo deseado. Esta técnica requiere una temperatura entre los 71 y los 95 °C. Tenga un termómetro a la mano para mantener el líquido a la temperatura adecuada.

El braseado

El braseado es una técnica de cocción mixta que combina el salteado, con el hervido. Es útil para cortes gruesos de carne que han sido atados para mantener su forma. Condimente bien la carne y dórela en un sartén caliente para que adquiera color; después, colóquela sobre una cama de vegetales en una olla y añada fondo caliente o una combinación de fondo y salsa que la cubra un tercio o la mitad de la carne. Posteriormente, tape la olla y colóquela dentro de un horno para que la carne se cueza lentamente y quede suave. Mientras el calor

La importancia de condimentar
Las técnicas de cocción por líquido y mixtas no se completan hasta que la comida ha sido probada para evaluar su sabor y, en caso de ser necesario, ajustarlo con más condimentos para obtener los mejores resultados.

húmedo cuece la carne, los tejidos conectivos de la misma se rompen, volviéndose suave y tierna, al tiempo que la carne libera sus sabores en la salsa, enriqueciendo su sabor. Escoja una olla grande con tapa propia para brasear y lograr una cocción lenta y uniforme. Use un trinche para revisar el punto de cocción y para retirar la carne de la olla. Una vez lista la carne, un cuchillo le será de gran utilidad para rebanarla.

Estofar

Estofar es muy parecido a brasear, sólo que con esta técnica se cocinan cortes de carne que han sido partidos en trozos pequeños, y se usa mayor cantidad de líquido. Los estofados son considerados comidas completas debido a que se preparan con carnes, aves o mariscos, como ingredientes principales, junto con vegetales y alguna salsa condimentada. Todo se cuece y se sirve junto.

Remueva el exceso de grasa, los cartílagos y los tendones de la carne y córtela en trozos de tamaño uniforme. Condimente con sal y pimienta o con una marinada. Enseguida, dore los trozos de carne en una olla con un poco de grasa o aceite y añada el fondo o la salsa; agregue vegetales pelados y cortados uniformemente, mientras continúa el proceso de cocción. El tiempo de cocción del estofado dependerá de la naturaleza de la carne elegida, pero es necesario revisarlo constantemente y probarlo. Puede terminar de preparar la salsa agregando crema, hierbas frescas o un agente espesante.

92 Práctica: prepare un braseado

Dore la carne en una cacerola con aceite; una vez lista, retírela de la cacerola, añada un *mirepoix* y desglase con vino. Regrese la carne y añada fondo hasta dos tercios de la altura de la carne; tape la cacerola y métala en el horno para que hierva lentamente; estará listo cuando un tenedor penetre fácilmente la carne. Cuele el líquido y utilícelo como base de una salsa para la carne.

Guisados del mundo

Sea cual sea el país donde viva o viaje, se encontrará con estofados tradicionales que en su mayoría son de origen campesino y se han preparado durante siglos. Conozca su historia y disfrute de sus sabores.

Nombre	Ingrediente principales	Lugar de origen
Entomatado	cerdo, tomate verde, chile chipotle	México
Cocido inglés	res en salmuera	Estado Unidos
Boeuf bourgignon	res, vino tinto, vegetales	Francia
Gulash	res	Hungría
Estofado de cordero	cordero	Irlanda
Tajine de cordero	cordero, vegetales	Norte de África

93 Práctica: corte la carne en trozos para estofados

Estofar requiere de calor húmedo para ablandar los tejidos de la carne. Para preparar la carne, retire el exceso de grasa y tejidos conectivos y córtela en trozos de entre 2.5 y 5 cm.

1 Retire el hueso de la carne en caso de ser necesario

2 Retire los tendones y el exceso de grasa usando un cuchillo para deshuesar o un cuchillo de chef.

3 Retire los tendones gruesos o tejidos conectivos de los bordes de la carne mientras la corta cuidadosamente

4 No retire toda la grasa, recuerde que aporta sabor.

5 Corte la carne en trozos similares de entre 2.5 y 5 por lado.

Frutas, vegetales, cereales y productos secos

La historia de los vegetales y frutas es milenaria, pues antes de que surgieran las grandes civilizaciones los humanos ya los cultivaban. Sin embargo, en muchas ocasiones han pasado a un segundo plano en el aspecto nutricional, al compararlos con las proteínas de origen animal. Pero, en la actualidad, gozan de gran popularidad, y en las cocinas de todo el mundo se aprovechan aquellos disponibles según la temporada en la que están en su punto ideal para ser consumidos.

En esta sección aprenderá cómo seleccionar los mejores vegetales y frutas, justo en su punto de maduración y con el más alto valor nutricional. También conocerá los principales productos de cada estación del año y los aspectos a evaluar en términos de calidad. Además, aprenderá a lavarlos, prepararlos y almacenarlos correctamente para conservar al máximo sus propiedades.

Los cereales son la base de la alimentación en todo el mundo y, dependiendo de la región, se consume trigo, maíz, arroz, cebada, avena, o quinua, ya sea en sus formas naturales o procesadas. En esta sección aprenderá a preparar pasta fresca, uno de los productos más popular elaborados con trigo, cuya base es una mezcla de harina de trigo y líquido.

Los productos de temporada

Son aquellos que están disponibles con mayor calidad, frescura y sabor en cierta región y cierta época del año.

Estos productos son muy importantes para quienes se dedican a la cocina, ya que son los de mejor calidad, los más fáciles de conseguir y los de precio más bajo.

Al adquirir estos productos, los profesionales de la cocina ayudan a los productores locales y dinamizan la economía regional. Estos productores seleccionan, cultivan y cosechan los productos conservando las mejores características de sabor, frescura y valor nutricional.

El punto de madurez de los alimentos, en términos de cosecha, coincide con su mejor sabor. Sin embargo, existen algunas excepciones como el camote, que sabe mejor tiempo después de ser cosechado. Comer alimentos de temporada se ha practicado desde la antigüedad, cuando la gente comía lo que la naturaleza producía acorde con las estaciones.

Ventajas del alimento estacional

En casi cualquier circunstancia, los productos de temporada se encuentran en su mejor punto en cuanto a sabor, nutrición y precio; comprar estos alimentos también ayuda a la industria local y les da a los clientes la oportunidad de probar los productos cultivados localmente. Este tipo de producción no ha forzado el crecimiento de los vegetales por medio del uso de invernaderos u otros medios. Los alimentos saben como deben saber, no están alterados sus tiempos de maduración y son más sabrosos.

Cocinar con productos de temporada es lo ideal. Es muy lógico preparar una sopa de hongos en verano, cuando es época de lluvias y se encuentran fácilmente, o un dulce de calabaza en invierno, cuando este fruto está en su mejor punto.

Regularmente los productos están disponibles cada año en su temporada durante el mismo periodo, con algunas variaciones en distintas regiones. Esto significa que puede haber una superabundancia en el mercado y los precios pueden llegar a ser competitivos. Considere la diferencia de sabor y precio de un jitomate de invernadero de Estados Unidos en enero, a uno del mercado local en verano. La cosecha estacional es más barata, apoya a los productores locales y disminuye los costos en los restaurantes. Además, al reducirse la energía para el traslado de los ingredientes, se disminuye el impacto de la contaminación ambiental.

Cosechar fresas
Las fresas se cosechan a finales de primavera. Siempre busque los frutos con colores brillantes.

¿Qué es lo que está disponible y cuándo?

En general las cosechas se encuentran disponibles todo el año, pero están en su mejor condición y precio cuando se cosechan en su temporada, dependiendo de la región.

En primavera
Frutas y vegetales: chabacano, piña, fresa, mango, pera mantequilla, chícharos, durazno, toronja, uva verde, chicozapote, manzana roja, kiwi, mamey, apio, espárrago, aguacate, papa, ejote, berros y chayote.

Pescados y mariscos: abulón, caracol, trucha de mar, tiburón, langostino y mejillón.

En verano
Frutas y vegetales: pitahaya, frambuesa, zarzamora, melocotón, coco, ciruela, manzana Golden, capulín, membrillo, tuna, brócoli, col, cuitlacoche, hongos, setas, tomate, zanahoria, nuez de Castilla, quelites, lechugas, granada roja, nopal, espinaca, elote y calabacita.

Pescados y mariscos: chucumite, gurrubata, trucha arcoíris, peto, lubina.

En otoño
Frutas y vegetales: chicozapote, chirimoya, naranja, guayaba, jícama, limón real, sandía, manzana roja, melón chino, coliflor, verdolaga, granada china, alcachofa, higos, uvas, calabaza de Castilla, maíz.

Pescados y mariscos: sierra, pámpano, pargo.

En invierno
Frutas y vegetales: caña de azúcar, tejocote, rábanos, coles de Bruselas, mandarina, lima, perón, berenjena, tamarindo, zapote negro, betabel.

Pescados y mariscos: robalos, ostiones, charal fresco, bacalao, atún aleta amarilla, esmedregal y jurel.

94 Práctica: haga preguntas

Cuando usted vaya a su mercado local, pregunte al productor o vendedor todo lo que pueda: cómo y dónde crecen los vegetales y las frutas, cómo se cuidan los pollos para obtener los mejores huevos, y cómo son criados los cerdos y el ganado para obtener mejor calidad en la carne. Revise las otras secciones del libro sobre los puntos de calidad en los diferentes alimentos; esto le ayudará al momento de tener su conversación con el productor o vendedor. Si usted está familiarizado con los puntos básicos de lo que necesita buscar en los alimentos, tendrá una mejor oportunidad de obtener información.

95 Práctica: experimente con los jitomates orgánicos

Explore su mercado local y experimente con todo lo que encuentre. Compre algunos jitomates orgánicos y compárelos con los jitomates comunes. También puede hacer que su familia y amigos los prueben a ciegas para observar sus reacciones. ¿Pueden notar la diferencia? Los jitomates del supermercado, especialmente si no están en temporada, tienen un sabor desabrido. Si quien come el jitomate orgánico nunca lo había probado, le espera una sorpresa. Trate de hacer este experimento con otros vegetales y note las diferencias. Cuando compra productos con gran sabor, éstos necesitarán de menos preparación y experimentará los sabores naturales de los alimentos, sin la necesidad de cubrirlos con grandes cantidades de salsas o aderezos.

96 Práctica: prepare alcachofas

La alcachofa es la flor inmadura de una planta originaria de Italia y España. Puede cocerlas al vapor, pocharlas, o cocerlas en el microondas y servirlas con jugo de limón, mantequilla de ajo o salsa holandesa. También puede servir únicamente el corazón en ensaladas y purés, o rellenarlas con chícharos para tener una guarnición.

1 Sostenga la alcachofa con una mano y corte el tallo con un cuchillo.

2 Corte la base lo más plana posible.

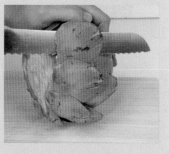

3 Corte los gruesos pétalos exteriores.

4 Corte los bordes del corazón de la alcachofa con un cuchillo mondador para darle aspecto uniforme.

5 Con una cuchara o un cuchillo retire las fibras del centro de la alcachofa.

74 | Las frutas

Se pueden utilizar en el menú, tanto para platos dulces como para salados; fritas o salteadas pueden encontrarse en las salsas, las compotas y los rellenos.

Sugerencia para el melón
Prepare trozos de melón con camarones y un aderezo agridulce.

Las frutas en la dieta

Las frutas siempre han sido muy importantes en la dieta, pues suministran al cuerpo energía por medio de los azúcares naturales que contienen; también son buenas proveedores de fibra, que ayuda en la digestión. Muchas frutas frescas contienen altos índices de vitaminas, minerales y antioxidantes que ayudan a combatir padecimientos del corazón, cáncer y otras enfermedades.

Las frutas frescas

Las frutas frescas son aquellas que no han sido enlatadas, congeladas o deshidratadas. De forma convencional y muy relativa, se pueden clasificar en ocho grupos: cítricos, melones, bayas, drupas, pomos, uvas, tropicales y exóticas.

Los **cítricos**: estas frutas se han cultivado por más de 6 000 años. Se les identifica por su colorida y gruesa corteza y por la piel blanca y amarga de su interior que mantiene juntos los gajos de la fruta. Los limones, las limas, las naranjas, las mandarinas y las toronjas se encuentran en esta categoría.

Los **melones**: tienen noventa por ciento de agua, por lo cual es mejor servirlos crudos. Son ideales para servirse en cocteles de frutas o con carne curada como el *prosciutto*. Estas frutas tienen una gran variedad de formas, tamaños, colores y sabores. Sus variedades incluyen el melón chino, el melón verde y las sandías.

Las **bayas**: en esta clasificación se encuentran las fresas, las zarzamoras, los arándanos y las grosellas, frutas que crecen en arbustos y enredaderas. Son una gran fuente de potasio, fibra y vitamina C. Son ideales para preparar jaleas, mermeladas, conservas y tartas, pero también saben muy bien si las come crudas.

Las **drupas**: contienen una gran semilla en el centro. Ésta categoría incluye frutas que se deterioran fácilmente, como los chabacanos, las cerezas, los melocotones, las nectarinas, las ciruelas y las aceitunas. Se encuentran es su mejor punto durante los meses de verano, y se comen frescas o deshidratadas. Las drupas también se usan en la producción de muchos licores.

Los **pomos**: éstos crecen en árboles y contienen muchas semillas en el centro. La cáscara suele ser delgada y el interior jugoso y firme. Los ejemplos más conocidos son las manzanas y las peras.

97 Práctica: descorazone

Use un utensilio especial o su cuchillo para descorazonar la manzana. Colóquela sobre la tabla de picar y corte el centro horizontalmente; trate de retirar lo mínimo indispensable de la pulpa.

98 Práctica: cómo cortar un mango

El mango es una de las frutas más deliciosas del mundo; sabe exquisito por sí solo. Córtelo en trozos o conviértalo en salsa y sírvalo con róbalo al horno. Otra alternativa es hacerlo en suflé, acompañarlo con helado de mango y servirlo como postre. Cuando lo prepare, recuerde que éste tiene una gran semilla en el centro.

1 Coloque el mango en una tabla para picar y extraiga una rebanada ligeramente desfasada del centro.

2 Haga incisiones con su cuchillo de arriba hacia abajo en la pulpa del mango sin cortar la cáscara.

3 Gire el mango y repita el mismo corte siguiendo un patrón entrecruzado. Repita los pasos del uno al tres en la otra mitad de la fruta.

4 Saque el mango empujando la cáscara y corte los cubos.

Las **uvas**: se clasifican por su color y las hay disponibles todo el año; se utilizan como guarniciones para pescados, quesos o postres. Algunas de las variedades son las de Champagne para hacer vino; las Concord para hacer pasas, jalea y jugo, y las Emperador, la variedad predominante en las mesas.

Las **frutas tropicales**: se encuentran disponibles todo el año y crecen en regiones tropicales. Actualmente, gracias a los transportes y a la refrigeración, las frutas tropicales se pueden comprar en cualquier lugar del mundo. Los plátanos, los cocos, los kiwis, los mangos, las papayas, el maracuyá y las piñas entran en esta categoría.

Las **frutas exóticas**: son de origen extranjero y no son comunes en las mesas de todo el mundo. Esta clasificación depende de la región en la que uno se encuentre preparando alimentos.

La compra y almacenamiento de la fruta

Algunas frutas frescas se venden ya lavadas, peladas, cortadas y listas para su uso; otras se recolectan cuando ya están maduras y otras cuando aún no maduran. No obstante, todas se deterioran después de alcanzar la madurez total, así que deben ser almacenadas en un lugar fresco, limpio y se deben consumir a la brevedad. La mayoría de ellas se conservan mejor en refrigeración una vez que han madurado.

Las frutas enlatadas, congeladas y deshidratadas

Las frutas enlatadas se conservan en agua o almíbar. El calentamiento en el proceso mata a las bacterias dañinas sin afectar el valor nutritivo de las frutas; las latas pueden almacenarse en un lugar fresco y seco, y una vez abiertas, su contenido debe vaciarse en un recipiente y guardarse en el refrigerador. Jamás consuma el contenido de una lata golpeada o maltratada. Las frutas secas tienen un sabor y dulzura más intensos debido a la falta de agua; almacénelas en recipientes, lejos de la humedad y la luz directa del sol y, antes de usarlas, sumérjalas en agua caliente, vino, brandy o ron. La congelación es una forma práctica de comercializar y usar las frutas.

Sugerencia para la piña
Sirva rebanadas de piña a la plancha con chuletas de cerdo.

---

99 **Práctica:** pele una naranja

Usted puede retirar fácilmente la cáscara de una naranja usando dos métodos sencillos que dependen del uso que le vaya a dar a la fruta: el primero remueve sólo la cáscara, mientras que el segundo remueve tanto la cáscara, como la piel blanca.

1 Corte con su cuchillo mondador los extremos de la cáscara de naranja, sin llegar a los gajos, y después desprenda la cáscara.

2 Inicie un corte en la punta de la naranja, y siga la curva natural de la fruta; remueva la cáscara y la piel blanca, deje sólo los gajos.

---

100 **Práctica:** haga supremas de naranja

Una vez que haya removido la cáscara y la piel blanca de la naranja, remueva cada gajo delicadamente. Use las supremas (gajos) en ensaladas o como adornos para un plato principal de pato o pollo asado.

1 Tome la naranja con una mano y corte con un cuchillo entre las líneas que dividen naturalmente cada gajo.

---

101 **Práctica:** corte trozos de limón

Los trozos de limón son generalmente servidos con pescado y crustáceos: el jugo cítrico realza el sabor y da vida al plato. También se usan como adornos en muchas otras presentaciones de comida, así como dentro de vasos con agua helada y bebidas gaseosas o alcohólicas.

1 Corte los extremos del limón y rebánelo por la mitad a lo largo.

2 Coloque la parte plana del limón como base, y corte a la mitad nuevamente para formar cuartos.

3 Dependiendo de qué tamaño y de cuántos trozos desee obtener, puede cortar el limón en ocho partes.

4 Coloque el trozo sobre una de sus partes planas y corte el centro a lo largo, para que sea más fácil exprimirlo.

76 | Los vegetales

El término vegetal se refiere a cualquier planta herbácea que se pueda consumir parcial o totalmente, cruda o cocida. Las partes comestibles pueden ser las hojas, los tallos, las raíces, las semillas y las flores. Una planta herbácea, por lo general, es poco fibrosa, y contiene más almidón y menos azúcar que las frutas.

La humanidad ha cultivado alimentos de origen vegetal desde sus inicios. Los antiguos egipcios y sumerios (alrededor de 3000 a. C.) disfrutaron de una dieta rica en vegetales. Los vegetales contienen entre un 65 y 95 por ciento de agua, son bajos en grasas, carbohidratos y proteínas, pero son muy ricos en fibra. En este grupo de alimentos están incluidas todas las categorías de plantas y de hongos: vegetales de hoja verde; coles; vegetales de brote y de fruto; calabazas; bulbos; raíces y tubérculos; vainas, semillas, y setas y trufas.

Las vegetales de hoja

Incluyen a la espinaca, la acelga, la endivia, la lechuga, los quelites y el berro. La mayoría son fuertes en sabor y contienen una gran cantidad de agua. Se pueden servir crudos o cocidos (a excepción de los quelites que casi siempre deben cocerse), aunque cuando se cocinen reducirán su volumen. Al comprarlos, busque que las hojas sean brillantes, coloreadas, con textura crujiente, que no estén marchitas, y que no tengan manchas marrones.

Las coles

En este grupo de vegetales se incluyen la col, el brócoli, la coliflor, la col de Bruselas, la col rizada, la col roja y la *bok choy*. La parte comestible de la mayoría de estas plantas son las flores, generalmente de sabor suave, de bajo costo, de rápido crecimiento, disponibles en muchos lugares y sencillas de preparar. Se pueden comer crudas o cocidas. Al comprarlas, busque una textura firme, fresca, atractiva, con hojas crujientes, compactas y sin manchas marrones.

Los vegetales de brote

Los vegetales de brote incluyen a las alcachofas, espárragos, brotes de bambú, hinojo, apio y palmitos. Estos vegetales se cosechan tiernos para evitar que se tornen fibrosos con el paso del tiempo.

Los vegetales de fruto

Incluyen al aguacate, los chiles, la berenjena, y el jitomate. Estrictamente son un fruto, pero la mayoría se utilizan como vegetales. Al comprarlos, busque que tengan la pulpa firme, y la piel tersa y sin manchas.

Las cucurbitáceas

Son una familia de más de 750 especies. Incluyen la calabaza amarilla, la calabacita, la calabaza de Castilla, las calabazas criollas y el pepino; tienen

---

102 Práctica: corte un aguacate

Los aguacates son frutas en forma de peras, ricas en grasa, con pulpa de color verde brillante, que en su interior contienen una gran semilla redonda no comestible. Existen algunos que son suaves y de piel verde, mientras que otros son rugosos y con piel negra. Los aguacates maduros deben ser suaves al tacto. No es necesario retirar la cáscara de algunos aguacates criollos, ya que es comestible.

1 Corte el aguacate por la mitad, rodeando la semilla.

2 Gire las mitades del aguacate en direcciones opuestas con las manos, para separarlas de la semilla.

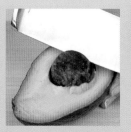

3 Si el fruto está maduro, la semilla caerá; de lo contrario, utilice el cuchillo para retirarla con suavidad.

4 Corte las mitades en cuartos y retire cuidadosamente la piel.

103 Práctica: prepare col rizada

La col rizada es una opción para dar variedad a las preparaciones. Es un vegetal de hoja resistente y nutritiva, que puede tener un tallo leñoso que debe ser retirado con el cuchillo.

1 Corte el tallo leñoso de la base de la col para que las hojas queden sueltas.

2 Tome la hoja, corte el tallo central y retírelo con los dedos. Puede dejar las hojas enteras o picadas.

104 Práctica: pele y rebane una cebolla

Las cebollas, miembros de la familia de las liliáceas, son de sabor fuerte y aromático. Se utilizan para agregar sabor a las salsas, las sopas y muchos otros platos.

1 Coloque la cebolla entera en la tabla y córtela por la mitad a lo largo; deben quedar dos mitades iguales.

2 Retire la piel de la cebolla y deje el bulbo intacto.

3 Coloque sobre la tabla el lado plano de la cebolla y corte rebanadas usando los nudillos de la mano como guía.

---

diferentes formas y tamaños. La principal parte comestible de estas plantas son sus frutos. Es importante que tengan la piel brillante y que sean pesados. También se consumen sus flores y sus pepitas, muy apreciadas en la cocina mexicana.

Los vegetales de bulbo

Incluyen al ajo, el poro, los chalotes y la cebolla; esta última es uno de los ingredientes más conocidos, y se utiliza en casi todas las cocinas del mundo. Los bulbos deben ser firmes, presentar un color uniforme, y no tener moho o manchas de color negro.

Las raíces y los tubérculos

Las raíces son la parte subterránea de las plantas, mientras que los tubérculos son las reservas de energía. Este grupo de vegetales incluye a la zanahoria, el betabel, la jícama, la papa, y el rábano. Busque las raíces y tubérculos de buen color, con textura firme, y sin manchas ni arrugas.

Las vainas

El grupo de las vainas incluye a los chícharos, los ejotes, las habas, y los chícharos. Normalmente, sólo las semillas se comen, pero en algunos casos, como los ejotes y los chícharos japoneses, toda la vaina es comestible. Al comprarlas, busque las que tengan textura firme y piel sin manchas.

Los hongos

Los hongos no son realmente un vegetal porque pertenecen al reino *fungi*, una familia diferente del reino de las plantas; sin embargo, se preparan igual que los vegetales. Existen innumerables especies de hongos, tanto comerciales como silvestres, pero las variedades más comunes son: el champiñón, el *portobello*, las setas, el *shitake*, el *porcini* y las costosas trufas. Pueden encontrarse frescos, secos o en conserva. Si los compra frescos, busque aquellos sin manchas oscuras y con textura firme. Antes de usarlos, retíreles la tierra con un cepillo, enjuáguelos brevemente bajo el chorro de agua y séquelos. Las trufas se encuentran en dos variedades: la negra (de Périgord) y la blanca (de Piamonte). Crecen bajo tierra y son muy caros debido a su escasez; generalmente se les encuentra secas o en conserva, debido a que se descomponen fácilmente.

Trufas negras
Dada su escasez son costosas, a menudo se usan para dar sabor a patés y terrinas, también para sazonar platos con huevo.

El atractivo de los vegetales

Los vegetales disfrutan de un retorno a la popularidad y un aumento de la demanda; esto los ha puesto actualmente en el centro de atención. Los vegetales preparados adecuadamente agregan sabor, color y variedad a casi cualquier plato en el menú.

Actualmente los comensales están más informados y conscientes de su salud y demandan alimentos frescos de alta calidad, preparados y servidos en su mejor momento. Los vegetales requieren de mucho cuidado y atención desde el momento en que se compran hasta que se sirven, pues son muy perecederos. Se deben aprovechar aquellos de temporada, ya que sus precios son más bajos, tienen una mayor disponibilidad, y su color, sabor, textura y valor nutricional están en su punto más alto.

El aporte nutrimental

La mayoría de los vegetales están conformados por un 80 por ciento de agua y 20 por ciento de hidratos de carbono, pequeñas cantidades de proteínas y grasas, vitaminas y minerales; su contenido calórico es bajo y su textura es fibrosa.

Los mercados
Los mercados de productores locales son los mejores lugares para comprar alimentos frescos de temporada.

La compra y el almacenamiento

Los vegetales frescos se venden por pieza, por peso, por caja o por costal. Algunos como las cebollas, las zanahorias, el apio y las lechugas, pueden comprarse limpios, y porcionados; el precio es más alto, pero son un buen recurso cuando se carece de tiempo y de espacios de almacenamiento y de trabajo, además de que no tendrán merma. Los vegetales no maduran de la misma forma que las frutas, pero lo siguen haciendo después de la cosecha. La mayoría de los vegetales se pueden almacenar a una temperatura de entre 2 y 4 °C, con altos niveles de humedad. Las papas, las cebollas, los chalotes y el ajo se pueden almacenar a una temperatura entre los 4 y 16 °C, preferentemente en un refrigerador separado, o en un almacén a temperatura ambiente, seco y con buena ventilación. Recuerde que si los vegetales son expuestos a temperaturas bajas durante tiempo prolongado, cambiarán su textura y sabor.

Instrucciones para cocer

Sea cual sea el método que elija para cocer vegetales, tendrá que seguir algunas indicaciones generales:

• Para asegurar una cocción y apariencia uniforme, corte los vegetales cuidadosamente en tamaños y formas semejantes.

• Cueza los vegetales durante el menor tiempo posible para que conserven su textura, color y nutrientes.

• Cueza los vegetales justo antes de que los vaya a servir.

• Cueza los vegetales de color blanco o rojo con un poco de ácido, como jugo de limón, vino blanco o vinagre, para que conserven su color.

• Si preparará un surtido de vegetales, cuézalos por separado antes de combinarlos.

• Puede blanquear los vegetales y refrigerarlos hasta el momento en que los necesite.

El almacenamiento del ajo.
El ajo se debe almacenar en un lugar fresco, seco y bien ventilado. No es necesario refrigerarlo.

(105) **Práctica: forme un abanico de aguacate**

Los aguacates pueden servir para contener camarones, alguna ensalada de cangrejo, guacamole, u otro tipo de dip. Un aguacate no muy maduro, pelado y cortado con forma de abanico, es una bonita presentación en un plato terminado.

1 Con un cuchillo de chef corte el aguacate por la mitad a lo largo, retire la semilla y extraiga la pulpa para cortarla en rodajas paralelas, sin llegar al final del fruto.

2 Levante el aguacate con ambas manos y presione suavemente hacia abajo para separar las rebanadas.

3 Regrese el aguacate a la tabla para picar, y presione con cuidado las rebanadas, para crear el efecto de abanico.

106 Práctica: haga una rosa de jitomate

La preparación de una rosa de jitomate es una manera de mejorar sus habilidades con el cuchillo, al mismo tiempo que mejora la presentación de algún platillo. Después de un poco de práctica descubrirá que es muy fácil de hacer.

1 Rebane con un cuchillo torneador la parte superior del jitomate dejando intacto un tramo pequeño.

2 Comience a cortar una espiral de cáscara; manténgase cerca de la tabla de cortar para que la cáscara no se rompa.

3 Siga cortando, manteniendo siempre el mismo ancho y grosor, hasta tener toda la piel del jitomate en una tira.

4 Con las dos manos enrolle la tira de piel sobre sí misma, hasta que llegue a la base.

107 Práctica: prepare un jitomate *concassé*

El jitomate *concassé* se utiliza en diversas preparaciones. Empiece marcando un corte de poca profundidad en forma de "X" en la parte inferior del jitomate. Luego escálfelo en agua hirviendo durante 20 segundos y, posteriormente, refrésquelo con agua helada para detener el proceso de cocción. Después, haga lo siguiente:

1 Pele el jitomate, y córtelo en cuartos.

2 Retire con cuidado las semillas y el centro.

3 Corte las rebanadas de jitomate en tiras de tamaño uniforme.

4 Corte las tiras en cubos pequeños; éstos los puede utilizar en salsas, aderezos y ensaladas.

Conservación de vegetales

Los métodos de conservación están diseñados para extender el tiempo de utilidad de los vegetales.

La irradiación utiliza rayos gamma de cobalto-60 o cesio-137 para matar a los parásitos, insectos y bacterias, lo que esteriliza los vegetales frescos. El sabor y la textura no se ven afectados, y el tiempo de conservación se extiende, ya que este método también retrasa la maduración de los vegetales.

Congelar vegetales es otro método muy eficaz para conservarlos, ya que inhibe el crecimiento de microorganismos sin destruir muchos de los nutrientes de la planta. Algunos vegetales se pueden congelar crudos, mientras que otros necesitan ser blanqueados antes de la congelación, de modo que el tiempo de cocción final se reduce y el color se mantiene. Los vegetales congelados deben almacenarse a una temperatura de -18 °C.

Las conservas se hacen a partir de vegetales crudos que han sido lavados, porcionados y colocados en envases sellados antes de ser sometidos a altas temperaturas durante un periodo específico. El calor destruye los microorganismos, pero puede afectar su color y textura. Los alimentos enlatados almacenados a temperatura ambiente tienen una larga vida de anaquel, pero una vez abierto el envase, su contenido debe ser consumido de inmediato o conservarse en refrigeración. Recuerde que las latas con abolladuras no se deben consumir.

Secar los vegetales afecta drásticamente su sabor, textura y apariencia. La falta de humedad concentra los azúcares y aumenta la vida de anaquel. Los principales vegetales que se secan son los hongos y los jitomates.

80 | Los cereales

Los cereales son las semillas comestibles de las plantas, y en la mayor parte del mundo son la base de la alimentación. Esta categoría incluye al maíz, trigo, arroz, cebada, avena, y quinua, y los productos derivados de éstos como harinas y pastas.

Las variaciones de preparación
Puede cocer el arroz utilizando el método *pilaf*. Use mantequilla para saltear vegetales aromáticos, añada el arroz para también saltearlo ligeramente, y vierta algún fondo para después hornearlo.

Los cereales son una excelente fuente de carbohidratos, vitaminas, minerales, proteínas y fibra. Cada grano de cereal está formado por el salvado (cubierta exterior), el endospermo (cuerpo del grano) y el germen (centro del grano). El salvado es una buena fuente de fibra y vitamina B, el endospermo aporta proteínas y carbohidratos, y el germen proporciona lípidos.

Identifique los cereales

El **trigo** es el grano más comúnmente utilizado para hacer harina. Cuando se muele para obtener harina blanca, el salvado y el germen se separan, y se pueden adquirir por separado.

El **maíz** se ha utilizado desde hace miles de años. A diferencia de otros granos que tienen una cáscara que cubre cada semilla, el maíz tiene un conjunto de hojas que cubren la mazorca entera. Es el único cereal que se consume tanto fresco como seco. Su utilización es integral, pues se aprovechan tanto los frutos (mazorcas) y las hojas que los envuelven, como las hojas de la planta, el tallo, y las inflorescencias (espigas). Existen muchas razas de maíz,

todas con colores, tamaños, regiones de origen y usos diferentes. Es el cereal base en la cocina mexicana y en algunas cocinas americanas.

El **arroz** es la semilla de una planta semiacuática que representa la base de la alimentación para más de la mitad de la población mundial. Es un cereal muy versátil que puede servirse solo o como guarnición casi con cualquier tipo de comida como la india, la china, la mexicana, la francesa o la mediterránea.
El arroz se divide en tres grandes grupos dependiendo del tamaño de la semilla: de grano largo, grano medio y grano corto. El arroz de grano largo es el más utilizado, ya que es el más versátil. El arroz de grano medio tiene un alto contenido de almidón y es mejor comerlo recién hecho, ya que una vez frío, se pega. El arroz de grano corto se usa para hacer sushi, *risotto* o paella, porque se vuelve tierno y pegajoso cuando se cuece. Todos los granos de arroz son de color café debido a la cáscara de salvado que los cubre, pero se pueden procesar de diferentes formas: arroz integral, arroz blanco, arroz instantáneo o arroz de cocción rápida. Cabe mencionar que el arroz pierde algunos de sus nutrientes y sabor debido a su procesamiento. El arroz salvaje proviene de una planta acuática que no está relacionada con las variedades comunes de arroz. Tiene un sabor a nuez, es largo, de color marrón o negro, y puede utilizarse de la misma manera que el arroz tradicional. Se encuentra en tres diferentes tipos: el gigante,

(108) Práctica: haga un timbal de arroz

El arroz es tan versátil que puede servir de acompañamiento para muchos platillos. Servirlo en forma de timbal es una manera fácil de agregar un acabado profesional al plato. Cualquier arroz se puede presentar de esta forma excepto el *risotto*.

1 Llene un aro metálico con arroz cocido y aún caliente. Compáctelo y colóquelo en el plato donde lo servirá.

2 Retire con cuidado el aro y sirva los demás elementos del platillo alrededor o junto al timbal de arroz.

109 Práctica: prepare un *risotto* con mantequilla

Risotto es el nombre tradicional de este platillo clásico italiano elaborado con arroz. A medida que se agrega más caldo a la preparación, se libera el almidón natural del arroz que espesa el líquido con el que se cuece.

1 Caliente el fondo o caldo con el que cocerá el arroz. En otra olla aparte, caliente aceite para saltear los ingredientes aromáticos del *risotto*; posteriormente añada el arroz y cúbralo bien con el aceite.

2 Añada parte del fondo o caldo caliente y mueva el arroz hasta que éste haya absorbido el líquido.

3 Continúe añadiendo pequeñas cantidades de fondo al arroz, y muévalo hasta que lo haya absorbido todo y esté bien cocido y suave.

4 Termine el *risotto* añadiéndole trozos de mantequilla, queso rallado o crema fresca.

110 Práctica: prepare cuscús

El cuscús es muy fácil de preparar y se puede servir con la mayoría de las carnes, pescados, aves o vegetales. Para servir cuatro porciones comience con 180 g de cuscús, 240 ml de fondo de pollo, 1 cucharada (20 g) de mantequilla derretida, sal de grano, y pimienta negra recién molida.

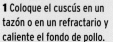

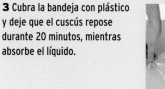

1 Coloque el cuscús en un tazón o en un refractario y caliente el fondo de pollo.

2 Vierta el fondo sobre el cuscús y revuélvalo con una cuchara de madera.

3 Cubra la bandeja con plástico y deje que el cuscús repose durante 20 minutos, mientras absorbe el líquido.

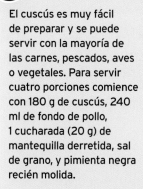

4 Quite el plástico, vierta la mantequilla derretida sobre el cuscús, y sazone con sal y pimienta.

5 Use un tenedor para esponjar el cuscús; después, estará listo para servir.

---

que es el de mejor calidad; el mediano, que es el más común; y el selecto, que es de grano corto y se utiliza en sopas.

El **amaranto** es un pseudo cereal diminuto, de color pálido y sabor neutro. Se utiliza en México desde la época prehispánica, y formaba parte de la alimentación y de celebraciones rituales. Tiene un alto contenido en proteínas y es muy versátil; se puede utilizar para preparar bebidas y como parte de ensaladas, sopas, platos fuertes y postres.

La **cebada** se compra normalmente con el nombre de cebada perla, a la que se le ha removido el salvado exterior. Tiene un sabor dulce, terroso, y una textura suave; se usa comúnmente en sopas y guisos, y se sirve como el arroz, aunque su tiempo de cocción es más largo. Este cereal es muy resistente y crece en climas cálidos o fríos. La mayoría de los cultivos de cebada producida en todo el mundo se utilizan para la elaboración de cerveza.

La **avena** es muy popular como cereal para consumir en el desayuno. La avena cortada es el grano entero que se ha cortado en pequeños trozos y, cuando se prepara, su consistencia resulta compacta. Los hojuelas de avena son los granos enteros que se han cocido al vapor y aplanado entre rodillos; su tiempo de cocción es reducido; la avena instantánea sólo necesita rehidratarse en agua hirviendo.

El **cuscús** se hace de sémola de trigo, y se le encuentra de varios tipos, siendo el de gránulo fino-medio el más popular. Se prepara agregándole fondo o agua hirviendo, para que los gránulos se hidraten y esponjen a medida que absorben el líquido caliente. Se sirve de la misma manera que el arroz.

Las **sémolas** son harinas granuladas hechas con cereales como el trigo o el maíz. Con ellas se elaboran distintas masas.

Tabulé
Esta fresca ensalada árabe se prepara con trigo quebrado y hierbas aromáticas; es ideal para los calurosos meses de verano.

82 Las leguminosas

Las leguminosas son básicas en cualquier dieta vegetariana, además de ser parte esencial de las cocinas de todo el mundo. Son versátiles, nutritivas y económicas; secas se conservan por tiempo indefinido.

Frijol moradito

Frijol flor de mayo

Alubia grande

Lenteja

Frijol negro

Frijol acerado

Ayocote amarillo

Frijol vaquita

Frijol peruano

Garbanzo

Bótil

Haba

Las leguminosas son plantas con vainas que contienen en su interior una hilera de semillas. De los cientos de variedades conocidas, algunas se utilizan por sus vainas comestibles o sus flores, aunque de la gran mayoría sólo se consumen sus semillas secas.

Los frijoles, los chícharos, las lentejas y los cacahuates son algunas de las leguminosas más utilizadas. En muchos países es más común comer los frijoles secos, usualmente con arroz, con carne o pescado, para cubrir los requerimientos diarios de proteínas; las leguminosas también son ricas en vitaminas del grupo B y minerales. En las últimas décadas, con el aumento del vegetarianismo y el veganismo, las leguminosas son muy solicitadas por los clientes.

Las leguminosas secas

Las más comunes son los frijoles, los ayocotes, las lentejas, las habas, los chícharos y los garbanzos. Su forma es la mejor manera de identificarlos: los frijoles tienen forma de riñón, los ayocotes son más grandes y aplanados que los frijoles, las lentejas son discos pequeños y planos, las habas tienen forma ovalada y los chícharos y los garbanzos son redondos. Las leguminosas secas se cosechan hasta que están completamente maduras; se les retira la vaina y se secan con aire caliente. Se deben almacenar en un lugar fresco y seco; jamás deben refrigerarse. Hoy en día están disponibles en muchas formas: cocidas, enlatadas o congeladas; también se pueden procesar en harina, aceite,

---

111 Práctica: remoje frijoles

La forma más económica y común de comprar leguminosas es secas, lo que significa que tienen que remojarse antes de cocerse. La excepción a la regla son los chícharos y las lentejas, que se pueden cocer sin realizar este proceso.

1 Limpie los frijoles y quíteles cualquier piedra o basura que puedan tener.

2 Enjuáguelos bajo el chorro de agua y escúrralos.

3 Colóquelos en un recipiente y cúbralos de agua. Déjelos reposar por varias horas o una noche.

4 Cuélelos. Los frijoles ahora están listos para cocinarse.

o tofu. Las lentejas y los chícharos secos no se necesitan remojar antes de su cocción, pero la mayoría de las otras leguminosas sí; este proceso rehidrata y reduce el tiempo de cocción, que siempre debe ser en algún líquido.

Las leguminosas frescas

Esta categoría incluye a los ejotes y a los chícharos japoneses, los cuales se comen con la vaina, que se puede cocinar completa o cortada en diagonal o longitudinalmente. Cuando cocine chícharos japoneses asegúrese de quitar las fibras que están a lo largo de sus vainas antes de cocinarlos; se pueden preparar en sopas o ensaladas frescas. Los *edamame*, de origen japonés, se pueden consumir con su

gruesa vaina, pero generalmente se consumen pelados como botana o también en ensaladas. A los ejotes se les debe cortar las puntas; son muy utilizados como guarnición y se pueden cocinar braseados, salteados, en sopas, blanqueados para las ensaladas o con huevo. Los chícharos se pueden conseguir congelados, pero es mejor comprarlos frescos en su vaina, que debe ser firme, sin manchas y con un color verde brillante; deben tener un sabor delicado y dulce: se pueden comer crudos o cocidos. La mejor manera de cocerlos es al vapor, pero pueden hacerse braseados con carne de cerdo, o utilizarse como guarnición o en sopas y ensaladas. Las habas también son leguminosas que se consumen frescas, pero se les debe retirar la vaina, ya que es muy dura y fibrosa; generalmente se consumen en ensaladas o en sopas.

La mejor temporada para comprar leguminosas frescas es de abril a diciembre. Busque aquellas con vainas de color brillante, sin puntos o manchas cafés; su tamaño debe ser mediano, ya que pueden estar duras si se les ha permitido crecer demasiado. También puede comprarlas en lata, en escabeche, o congeladas. Las leguminosas más frescas y tiernas se pueden cocinar al vapor, hervidas, en microondas o fritas.

112 Práctica: el método de remojado rápido

Este método le evita la tarea de remojar los frijoles durante toda la noche; límpielos, enjuáguelos, y después de realizar esta técnica, cuézalos de acuerdo con la receta.

1 Coloque los frijoles en una olla grande y cúbralos con agua.

2 Coloque la olla en la estufa y hierva a fuego bajo entre dos y tres minutos. Retire la olla del fuego y cúbrala con una tapa.

3 Deje remojar los frijoles cubiertos una hora, luego escúrralos y cocínelos.

Cultive sus vegetales

Trate de cultivar sus propios vegetales. Esto puede parecer difícil, pero recuerde que para asegurar un producto de calidad es mejor tener su propio huerto. Comience con un área de cultivo pequeña, y poco a poco aumente su tamaño según sus necesidades.

Un vegetal maravilloso
Este grupo de vegetales ha satisfecho las necesidades de nutrición de la humanidad durante siglos: son una gran fuente de proteínas, además de ser económicos y fáciles de cultivar.

84 | Los edulcorantes y las grasas

azúcar morena

azúcar refinada

El azúcar, como la sal, fue símbolo de prosperidad y riqueza. Hoy es utilizada en diferentes preparaciones de todo el mundo.

El azúcar cumple diversas funciones en los alimentos: es la responsable del equilibrio de la acidez, contribuye para mejorar la apariencia y el sabor, retiene la humedad y funciona como conservador.

Los edulcorantes

El azúcar se puede encontrar de diferentes tipos: morena, estándar y refinada.

El azúcar refinada es de grano fino; es la que se utiliza en la mayoría de los alimentos horneados, ya que tolera una mayor cantidad de grasa. El azúcar estándar es de grano grueso y se utiliza para pasteles y las cubiertas de las donas. El azúcar glass es un azúcar pulverizada con una pequeña cantidad de almidón, que se utiliza para cubrir panes y hacer glaseados.

Puntos de cocción del azúcar

Hebra	113 °C
Bola suave	116 °C
Bola firme	119 °C
Bola dura	127 °C
Caramelo suave	132 °C
Caramelo fuerte	149 °C
Caramelo oscuro	170 °C

Nota: necesita un termómetro que pueda medir temperaturas muy altas.

azúcar glass

El jarabe de maíz

Se utiliza principalmente para la retención de humedad en los alimentos. En la cocina se puede utilizar para hacer glaseados. El jarabe de maíz se hace mediante la conversión del almidón de maíz en un carbohidrato más simple.

La miel, la melaza y el azúcar morena

La miel se utiliza principalmente por su aroma y sabor, que puede variar considerablemente de acuerdo al néctar con el que se elaboró. Es más

cara que otros edulcorantes, se conserva líquida y no se cristaliza debido a un ácido que contiene y a que es una mezcla de glucosa y fructosa.

La melaza proviene del jugo concentrado de la caña de azúcar, que contiene grandes cantidades de sacarosa, otros azúcares, ácidos e impurezas. El azúcar morena es principalmente sacarosa con algo de melaza, entre más oscura sea, más melaza tiene. Tanto la melaza como el azúcar morena se utilizan principalmente en alimentos horneados.

Cocción del azúcar

El azúcar se puede añadir a los platillos, ya sea en forma granulada o en jarabes. Existen dos tipos de jarabes: el jarabe simple, hecho de azúcar y agua, y el jarabe cocido, hecho con algún tipo de azúcar cocida o caramelo.

jarabe de maíz

miel

melaza

113 Práctica: cómo hacer un jarabe simple

Los jarabes simples son una mezcla de agua y azúcar cocida que se utilizan en salsas, sorbetes y bebidas. Los jarabes cocidos requieren alcanzar una temperatura de cocción específica para elaborar salsas de caramelo, merengues, crema de mantequilla y dulces. Necesitará de un termómetro para asegurarse que la cocción del azúcar se encuentre en el punto deseado.

1 Disuelva el azúcar con el agua en una cacerola limpia de fondo grueso, preferiblemente de cobre.

2 Hierva, coloque dentro un termómetro para azúcar y cueza hasta que la mezcla haya alcanzado la temperatura deseada.

Las grasas

Son un grupo de alimentos que proporcionan sabor, color, suavidad y ayudan a esponjar panes.

La mantequilla

Es la grasa más utilizada para dar sabor, color y suavidad a los platillos. Se fabrica batiendo crema de vaca con un contenido graso de entre 30 y 40 por ciento. La mantequilla debe contener al menos un 80 por ciento de grasa y un 20 por ciento de sólidos de leche y agua; es de color amarillo pálido y se puede comercializar con o sin sal. Cuando se clarifica la mantequilla, se elimina cualquier resto de sólido, y al usarla es más difícil que se queme.

La manteca

La manteca de cerdo es casi 100 por ciento grasa; es de color marfil y contiene sólo una pequeña cantidad de agua. Se obtiene del cerdo y aporta mucho sabor a las preparaciones saladas y a algunos panes dulces, además de que ayuda a esponjar algunas masas horneadas. Las mantecas vegetales están compuestas por un 100 por ciento de grasa y/o aceites vegetales que se solidifican con la hidrogenación. Son ideales para usar en alimentos horneados, ya que son insípidas y poseen un punto de fusión relativamente alto.

Los aceites

Los aceites provienen de diferentes semillas, plantas y vegetales, y permanecen en estado líquido a temperatura ambiente. Cada aceite tiene su propio sabor, aroma y propiedades.

El aceite vegetal

El aceite vegetal se extrae de una variedad de plantas como el maíz, el cacahuate, la canola, la soya, entre otros. Éstos son prácticamente inodoros y de sabor neutral; por su origen, no contienen colesterol. Cuando los aceites se etiquetan como "puros", provienen únicamente del vegetal indicado, cuando la etiqueta dice únicamente "aceite vegetal" puede ser una mezcla de varios tipos.

El aceite de canola

Este aceite soporta fácilmente altas temperaturas y no tiene sabor, lo que lo hace muy bueno para freír. Se obtiene de las semillas de canola.

Los aceites de frutos secos

Generalmente se etiquetan como puros, ya que nunca se mezclan con otros; deben tener un sabor y aroma característicos del fruto del cual fueron obtenidos. Los aceites de avellana o de nuez son generalmente utilizados en la preparación de aderezos, ya que no se utilizan para cocinar preparaciones calientes, por que el calor disminuye su sabor, y se oxidan con facilidad.

El aceite de oliva

Es el único aceite que se extrae de una fruta en lugar de la semilla o la planta; se encuentra en diferentes categorías: extra virgen, virgen y puro, según el grado de acidez del aceite; entre más bajo sea, mejor será su calidad. El término virgen se refiere a que procede únicamente de la primera prensa en frío de las aceitunas; cuando es extra virgen significa que el aceite no tiene más que 1 por ciento de acidez, a diferencia del virgen, que puede tener 3 por ciento. El aceite puro se hace con la pulpa sobrante de la primera prensa de las aceitunas.

El aceite de ajonjolí

Este aceite se produce en Asia a partir de las semillas de ajonjolí, se utiliza como condimento en platos chinos, japoneses, coreanos, indios y mediterráneos.

Aceites aromatizados

Los aceites generalmente se aromatizan con albahaca, romero, perejil, chiles, pimientas, ajo, limón o especias. Éstos se pueden utilizar para elaborar aderezos, salsas o salteados. Los aceites de canola y de oliva son los más utilizados para añadirles algún sabor.

Los puntos de fusión de las grasas

Tipo de grasa	Temperatura
Mantequilla	33 °C - 36 °C
Manteca de cacao	31 °C - 34 °C
Manteca de cerdo	32 °C - 36 °C
Margarina	34 °C - 36 °C
Manteca vegetal	49 °C
Grasas vegetales emulsionadas	46 °C
Grasa para freidora	36 °C - 42 °C

114 **Práctica: prepare un aceite de albahaca**

Pique media taza de hojas de albahaca y colóquelas en un frasco con tapa hermética. Vierta un poco de aceite de oliva, cierre la tapa, y deje reposar el aceite durante 24 horas, agitando el frasco periódicamente para obtener el sabor de la albahaca. Cuele y limpie el frasco, y vierta nuevamente el aceite aromatizado y colado dentro de la botella. Refrigérelo hasta que lo necesite.

Debe refrigerar los aceites aromatizados, ya que el ajo y las hierbas crudos son potencialmente peligrosos si no los refrigera.

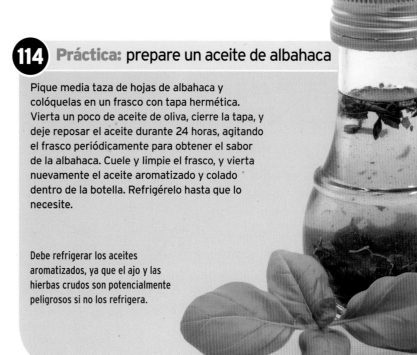

La preparación de vegetales

Cortar vegetales y hierbas es la forma más rápida y sencilla de practicar sus cortes. Esto significa que puede aprender utilizando material barato, que además es bueno para comer y puede utilizarlo en sopas, guisos o ensaladas. Recuerde que los cortes de vegetales y hierbas refuerzan el sabor de sus platillos.

Puntos clave para usar el cuchillo de manera segura:

- Corte siempre lejos de usted mismo.
- Corte los vegetales en una tabla de picar de plástico o de madera.
- Coloque un paño húmedo debajo de la tabla para picar para que ésta no se mueva cuando trabaje.
- Mantenga los cuchillos afilados, ya que son más peligrosos cuando están desafilados porque necesita aplicar más presión para cortar.
- Si camina en la cocina con un cuchillo en la mano, sosténgalo cerca de su pierna con la punta hacia abajo y con el filo hacia atrás.
- Nunca agarre un cuchillo cuando caiga, déjelo caer al suelo.
- Nunca deje sus cuchillos en el fregadero sin supervisión.
- No lave los cuchillos en la lavavajillas; el calor y los químicos pueden dañar el filo y el mango de los mismos, además de que alguien podría lastimarse al sacarlos.

115 Práctica: lave los vegetales antes de pelarlos

En una cocina profesional se lavan todos los vegetales en una tarja especial para esa tarea. Si está en casa, lávelos en un recipiente y pélelos en otro.

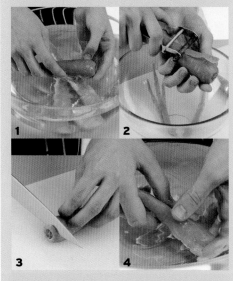

1 Llene un recipiente con agua fría y lave los vegetales para eliminar la suciedad de la superficie.
2 Retire los vegetales del agua y, en caso de que se requiera, retire las cáscaras con un pelador en otro recipiente.
3 Corte las partes no deseadas de los vegetales.
4 Vuelva a lavar los vegetales.

Su estación de corte

Necesitará su equipo de cuchillos, una tabla para picar, vegetales y hierbas limpios, y algunos contenedores para sus cortes y desechos. Recuerde que debe afinar periódicamente la hoja de su cuchillo con una chaira, para mantenerla afilada y alineada.

Preparación de los vegetales para cortar

Antes de pelar los vegetales, asegúrese de lavarlos; esto eliminará cualquier suciedad, bacterias u otros contaminantes que se encuentren en la superficie de los mismos. Enjuague las hierbas en agua fría, sacúdales el exceso de agua y séquelas con toallas de papel absorbente.

116 Práctica: lave poros

La tierra se queda atrapada entre las hojas de los poros y debe ser retirada; en caso de que ésta se encuentre adherida, déjelos en remojo, así será más fácil extraerla.

1 Coloque el poro en la tabla para picar y córtelo por la mitad a lo largo, desde la raíz hasta la parte superior.
2 Con los dedos, separe suavemente las hojas y lave la tierra que se encuentra entre ellas.

El talón
Se puede utilizar para picar los vegetales finamente o para cortar ingredientes gruesos, duros o fibrosos.

El centro
Se utiliza para la mayor parte de los cortes.

La punta
Es la parte del cuchillo más delgada y estrecha. Se puede utilizar para cortar ingredientes pequeños o delicados.

117 Práctica: use un pelador

Un pelador funciona mejor que un cuchillo cuando se desea retirar la delgada cáscara que cubre los vegetales, sin perder la pulpa de los mismos. El uso de este utensilio le permitirá reducir las mermas de productos como espárragos, zanahorias, nabos y papas.

118 Práctica: pele con un cuchillo

Puede utilizar su cuchillo mondador para pelar algún vegetal chico de cáscara gruesa como naranjas o cebollas. Las frutas y vegetales más grandes como la calabaza de Castilla o la piña requerirán del uso de su cuchillo de chef para pelarlas; asegúrese de cortar la parte superior o inferior del vegetal antes de pelarlo, para que tenga una base estable sobre la cual trabajar, esto evitará que la fruta se resbale en su tabla de picar.

119 Práctica: pele espárragos

La cáscara de la base del tallo del espárrago es fibrosa y se debe retirar. Usted puede realizar esta tarea fácilmente con el pelador o con su cuchillo mondador.

Los cortes básicos

Antes de comenzar, recuerde cómo sostener el cuchillo (ver página 23). Es muy importante conocer los cortes básicos que necesitará para trabajar en cualquier cocina; entre más práctica tenga cortando vegetales, mejor será su desempeño.

Aprender a cortar los alimentos en tamaños uniformes es importante para asegurar una cocción uniforme y para mejorar la apariencia de los platillos. Intente los siguientes cortes de vegetales: picar (para cortar en pedazos de forma irregular), picar finamente (para cortar en pedazos muy pequeños); *chiffonade* (cortar en tiras vegetales de hoja como las lechugas).

120 Práctica: pique

Junte las hierbas en un manojo apretado antes de comenzar a picarlas. Use su mano libre para guiar el cuchillo (1). Comience a cortarlas en trozos grandes, y una vez que haya pasado el cuchillo por todo el manojo, páselo nuevamente para que los cortes sean uniformes (2).

121 Práctica: rebane

Comience a cortar con la punta del cuchillo hacia abajo hasta atravesar completamente el alimento y obtener una rebanada. Siempre termine con el cuchillo en la tabla; levántelo y haga un segundo corte del mismo grosor que el anterior.

122 Práctica: pique finamente

Éste es un corte muy fino, adecuado para muchos vegetales y hierbas como las cebollas, los chalotes, los ajos y el perejil. Después de picar, pase el cuchillo nuevamente sobre los vegetales hasta que haya obtenido un corte muy fino.

88 Los cortes de vegetales

Una de las herramientas más importantes que todo profesional de gastronomía debe dominar es el cuchillo. Para convertirse en un verdadero cocinero profesional, debe ser un experto en el uso de cuchillos y saber cuál usar para cada tarea en la cocina. Al inicio de su vida profesional, todos los involucrados en la cocina pasan horas cortando vegetales. Aprender a realizar estos cortes básicos de manera segura y eficiente es una parte esencial del entrenamiento.

Ya se ha hablado de cómo se deben seleccionar cuchillos, cómo sostenerlos y cómo mantenerlos en buenas condiciones (ver páginas 22-23). En la sección anterior hemos visto algunos de los cortes básicos de los vegetales; ahora hay que dar un paso adelante y continuar con algunos cortes clásicos, que en cualquier cocina profesional se les llama por su nombre en francés.

Aprender a controlar el cuchillo es esencial para producir cortes uniformes; debe tomar el cuchillo con la mano y sostener el elemento a cortar con la otra; el borde afilado de la hoja debe cortar a través del alimento sin ningún esfuerzo; recuerde que forzar el cuchillo significa que éste se encuentra sin filo, lo cual debe evitar. Cuando corte tómese su tiempo; la velocidad la adquirirá con la práctica. Haga movimientos suaves y uniformes, y asegúrese de que los cortes sean iguales.

123 Práctica: corte los vegetales en cubos

Para obtener el mejor sabor de las cebollas, córtelas justo antes de utilizarlas. El mejor método para evitar las lágrimas cuando se corta una cebolla, es utilizar un cuchillo lo más afilado posible. Un cuchillo desafilado no cortará bien la cebolla, y ésta liberará una sustancia que se encuentra en ella llamada sulfuro de alilo.

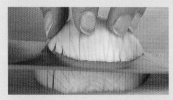

1 Corte la cebolla por la mitad a lo largo para que le queden dos partes iguales. Tome una mitad y comiéncela a cortar iniciando por la orilla.
2 Continúe cortando la cebolla uniformemente sin llegar hasta la punta, para que las rebanadas permanezcan unidas.
3 Haga tres cortes horizontales en la cebolla, en dirección opuesta a los cortes iniciales.
4 Ahora corte en sentido perpendicular a los primeros cortes, para obtener cubos pequeños.

124 Práctica: corte bastones

1 Corte la zanahoria en bloques de 5 cm de largo; luego, corte el bloque en rebanadas de 6 mm.
2 Corte las rebanadas en tiras de 6 mm, y obtendrá un corte uniforme de bastón de 6 x 6 x 50 mm.

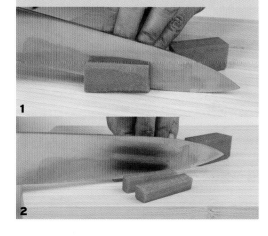

Los cortes básicos

Aprender a cortar un alimento de tamaño uniforme es importante por dos razones: mejora su apariencia y facilita su cocción uniforme.

Picar: cortar un elemento en trozos de forma irregular.

Picar finamente: cortar un elemento en trozos muy pequeños.

125 Práctica: cortar en juliana fina

Las medidas de la juliana son normalmente de 3 x 3 x 50 mm, pero cuando se utilizan en los poros el tamaño es aún menor. Una juliana fina se puede servir frita en los platos de pescados o mariscos.

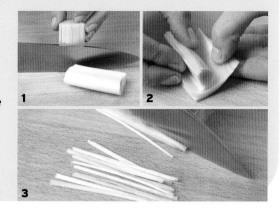

Gráfica de corte de vegetales
Esto le dará una idea del tamaño relativo de los cortes que busca obtener. Haga su propia gráfica, y compare sus vegetales cortados. Las medidas de esta gráfica están en pulgadas, pero puede hacerla en centímetros.

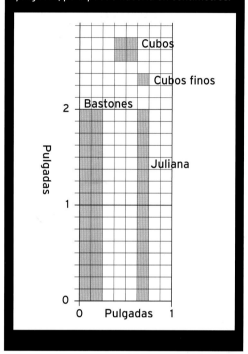

126 Práctica: cortar en *paysanne*

1 Corte la zanahoria en bloques rectangulares de 1 cm de ancho por 4 cm de largo.

2 Posteriormente, corte en rebanadas de 3 mm de grueso.

3 Corte las rebanadas en cuadros de 1 cm, y obtendrá el corte estilo *paysanne* de 1 cm x 1 cm x 3 mm.

127 Práctica: tornear

Ésta es una técnica con la que se obtienen piezas de 5 cm de largo, con siete lados iguales y extremos planos; la forma que se obtiene es parecida a la de un balón de fútbol americano. Vale la pena practicar ésta técnica una y otra vez para lograr grandes resultados.

1 Corte la zanahoria en un rectángulo de 5 cm. Después, con su cuchillo mondador haga un corte en la parte superior, cerca del centro.

2 Deslice el cuchillo hacia la mitad de la zanahoria, haciendo un corte curvo, y continúe hasta el extremo inferior.

3 Haga siete cortes similares al anterior.

4 Vegetal torneado con siete lados iguales.

Chiffonade: cortar tiras finas, por lo general de lechugas o vegetales de hoja.

Juliana y bastones: tiras finas y uniformes, pequeñas o grandes.

Cubos: chicos o grandes, en francés a este corte se le llama *brunoise*.

Paysanne: medios cubos.

Hervir y cocer al vapor los vegetales

Hervir y cocer son dos de las técnicas más utilizadas para la cocción de los vegetales. Son fáciles de llevar a cabo y son económicamente viables para la cocina, además de adaptarse fácilmente a un gran número de platillos.

La importancia de los vegetales
Los vegetales añaden color, textura y sabor a cualquier platillo. Se pueden utilizar totalmente cocidos o sólo blanqueados, y pueden ser el elemento principal del plato. Cómprelos frescos y de buena calidad; cerciórese de manejarlos y almacenarlos adecuadamente.

La técnica de hervir

Casi todos los vegetales se pueden hervir, y probablemente éste es el método más fácil de cocerlos; con esta técnica se obtiene una amplia gama de texturas y sabores. Los vegetales sometidos a este método se pueden servir calientes o fríos, glaseados, con mantequilla, con aceite de oliva, en puré, añadirlos a un estofado o servirlos como guarnición.

Antes de utilizar los vegetales, lávelos y, si es necesario, pélelos. Hay ciertos vegetales que tienden a oxidarse, es decir, que se oscurecen cuando se exponen al aire, como la alcachofa o la manzana, por lo tanto, es preciso que los frote con jugo de limón o que los deje sumergidos en agua mezclada con algún elemento ácido (como vinagre o limón); no los deje dentro de la solución demasiado tiempo, ya que pueden perder su sabor y textura.

Elija una olla lo suficientemente grande para cubrir los vegetales con agua (no la llene al borde, ya que el agua tiene que circular alrededor de los vegetales para que se cuezan uniformemente). Agregue sal y cualquier elemento aromático que desee. Si le pone una tapa a la olla acortará el tiempo de cocción, aunque no es esencial que lo haga. Asegúrese de verificar los vegetales con cierta regularidad para que no se sobre cuezan. La mayoría de los vegetales se cuecen añadiéndolos al agua hirviendo (a la inglesa), con excepción de los productos con almidón (papas, camotes) que se cuecen a partir de agua fría. Para cocer a la inglesa, cuando el agua esté hirviendo agregue los vegetales y baje el fuego.

Para ayudar a conservar el color de algunos

vegetales, como la col roja, el betabel, y aquellos de color naranja o amarillo, cubra la olla de cocción con una tapa. Para aquellos de color verde como el brócoli, cuézalos sin tapa. Recuerde que los vegetales deben servirse inmediatamente, de lo contrario, sumérjalos en agua helada para detener el proceso de cocción; posteriormente, retírelos del agua y guárdelos en el refrigerador dentro de un recipiente hermético.

La técnica de cocción al vapor

Cualquier vegetal que se pueda hervir también se puede cocer al vapor. Esta técnica conserva más nutrientes que el hervido, ya que al cocerlos por mucho tiempo dentro del agua pierden nutrientes. El vapor también conserva de forma más efectiva el color y la textura. Mediante este método, los vegetales se cuecen directamente en un baño de vapor, por lo que los tiempos de cocción pueden ser muy cortos. Deben

129 Práctica: brócoli al vapor

Lave dos piezas de brócoli y lávelas. Llene con agua la parte inferior de una vaporera doble y caliéntela a fuego alto. Después, coloque el brócoli en la parte superior de la vaporera y sazónelo con sal y pimienta negra recién molida. Tape y cueza entre 5 y 7 minutos; pasado este tiempo, rectifique la sazón y añada más sal y pimienta si es necesario. Sirva el brócoli inmediatamente o enfríelo y almacénelo para su uso posterior.

128 Práctica: hierva los vegetales

Llene una olla con suficiente agua para contener la cantidad necesaria de vegetales que vaya a hervir. Añada sal y otros ingredientes aromáticos. Espere a que el agua hierva, añada los vegetales, baje el fuego y deje que se cuezan hasta el punto deseado.

130 Práctica: cueza garbanzos

La mayoría de las leguminosas se deben remojar durante toda la noche, con la excepción de las lentejas y los chícharos. Limpie los garbanzos y elimine la tierra y otras impurezas. Enjuáguelos con agua fría, colóquelos en un recipiente grande y cúbralos con agua, dejándolos en ella para rehidratarlos por lo menos durante ocho horas o una noche.

1 Escurra los garbanzos y enjuáguelos muy bien. Póngalos en una cacerola grande y cúbralos con agua.

2 Cuézalos a fuego alto durante diez minutos; después, baje el fuego y cueza durante 45 minutos más.

3 Presione los garbanzos con los dedos índice y pulgar para comprobar que estén bien cocidos. Deben estar firmes y suaves, pero enteros y con cáscara.

prepararse de la misma forma que si fuera a hervirlos. El agua es el líquido que se utiliza normalmente, pero puede usar fondos de buena calidad para realzar el sabor final. Puede cocer pequeñas cantidades en una pequeña vaporera o volúmenes más grandes en una vaporera de varios niveles. Recuerde que debe contar con espacio suficiente para que el vapor circule alrededor de la comida y ésta se cueza de manera uniforme. Un error bastante común es sobrecocer los vegetales al vapor; si esto sucede, sírvalos o almacénelos como lo haría con los vegetales hervidos.

Puede también cocer los vegetales al vapor en un sartén tapado, con una pequeña cantidad de líquido. La mayoría de la cocción se realiza al vapor, porque sólo una pequeña porción de comida está sumergida en el líquido.

Cuando cueza al vapor puede reemplazar el agua por fondo de pollo, jugo de frutas, o puede añadir elementos aromáticos como zanahoria, cebolla, ajo o poro. Además, considere agregar hierbas y especias al líquido, tales como laurel, jengibre, perejil, ajo, tomillo, cilantro o algunos granos de pimienta negra.

Otras técnicas

El **blanqueado** consiste es sumergir los vegetales en agua hirviendo durante un tiempo máximo de un minuto. Esta técnica sirve para quitar algunas impurezas de los ingredientes, retirarles la cáscara o cocer parcialmente aquellos productos que serán sometidos a un proceso de cocción posterior.

El **enfriado rápido** sirve para mantener al máximo el color y textura de los alimentos. Se realiza al sumergir los alimentos en agua helada, justo después de sacarlos del fuego, para detener el proceso de cocción.

Al dente significa en italiano "firme a la mordida" o "al diente", es decir que el ingrediente cocido ofrece una ligera resistencia cuando se muerde. Es un término utilizado para la cocción de pastas y vegetales.

Los métodos de cocción por líquido

Todos estos métodos usan agua o vapor de agua para transferir el calor a los alimentos.

Nombre	Método
Ebullición	La convección transfiere calor del líquido caliente a los alimentos a una temperatura aproximada de 100 ºC
Pochado	La comida se cuece a fuego bajo en un líquido a una temperatura aproximada entre 71 y 82 ºC)
Cocción a fuego bajo	La convección transfiere calor de un líquido caliente por inmersión a una temperatura de entre 85 y 96 ºC.
Cocción al vapor	Los alimentos se cuecen en un baño de vapor, el cual transfiere el calor por el contacto directo con los mismos.

131 Práctica: cómo cocer el arroz

La fórmula básica para cocer el arroz es una parte de arroz por dos partes de agua. Hierva la cantidad necesaria de agua en una cacerola y añada sal; agregue el arroz, cubra la cacerola con una tapa y cueza a fuego bajo, hasta que el arroz haya absorbido toda el agua y esté suave; el tiempo aproximado de cocción es de 15 minutos.

Guisar, asar y freír vegetales

Tener un área apropiada para preparar los vegetales le ayudará a sentirse eficiente y profesional. Agrupe todos los ingredientes y utensilios, y asegúrese que todo esté en su lugar antes de empezar a cocinar.

Jitomates horneados
Los jitomates horneados ligeramente con aceite son una deliciosa guarnición para cualquier plato de carne asada.

Saltear y freír

Para saltear se utiliza un poco de grasa y fuego alto, mientras que para freír se usa una mayor cantidad de grasa y el tiempo de cocción es más largo. Puede cocer vegetales con ambos métodos, pero generalmente éstos son utilizados para el momento justo de servir vegetales que fueron precocidos. Puede glasear los vegetales durante el salteado al añadir un poco de mantequilla y azúcar o miel. La cocción en *wok* es similar al salteado pero el calor es más intenso.

Hornear

Al hornear vegetales tales como papas, calabazas o camotes, se obtienen consistencias más firmes, a diferencia de los métodos de ebullición o cocción al vapor, donde se obtienen consistencias suaves. Puede hornear vegetales tales como el jitomate, la berenjena, la cebolla y los nabos; el calor seco carameliza los azúcares y evapora el agua de los mismos, y se obtienen sabores más intensos. El término horneado puede utilizarse para describir el plato mismo; recuerde que las marinadas pueden mejorar el sabor y dar protección adicional a los vegetales en el horno para evitar que se quemen.

Asar a la plancha

Los pimientos, las calabacitas, los champiñones, las berenjenas, las cebollas y los elotes son adecuados para asarse a la plancha. El intenso calor le da a los vegetales sabores únicos y deliciosos. Elija los vegetales más frescos; lávelos, córtelos, barnícelos con un poco de grasa, y cuézalos sobre la plancha hasta que estén ligeramente dorados. Los vegetales asados a la plancha se sirven a menudo en ensaladas o cubiertos de una vinagreta ligera. Los vegetales más grandes necesitan normalmente cocerse parcialmente antes de ir a la plancha.

132 Práctica: saltee en un *wok*

Un salteado en *wok* debe ser rápido y fácil de hacer. En Asia, lugar de origen de esta técnica, existen hornillas especiales con grandes quemadores que liberan flamas muy intensas, lo cual permite cocer muy rápido los ingredientes. Empiece por seleccionar los vegetales, luego lávelos, pélelos y córtelos en tamaños uniformes. Seleccione algún tipo de grasa para complementar el sabor de los vegetales: los aceites de oliva, de cacahuate, de canola, de maíz, o de girasol son buenas opciones.

1 Caliente el *wok*, agregue el aceite, cubra con él toda la superficie y añada los vegetales que necesiten más tiempo de cocción.

2 Saltear en *wok* requiere de mover constantemente los vegetales; si los deja de mover, se ablandarán.

3 Siga añadiendo más vegetales y no deje de moverlos para mantener una cocción uniforme.

4 Añada los vegetales tiernos, como la calabacita, a la mitad de la cocción.

5 Agregue los condimentos y sirva los vegetales muy calientes.

Fritura profunda

Este tipo de cocción da como resultado texturas firmes y crujientes en el exterior de los alimentos, y suaves en el interior. Los vegetales para freír se pueden empanizar o rebozar antes de introducirlos en el aceite. Elija los aceites de maíz, canola o girasol que tienen sabor neutro y se pueden calentar a altas temperaturas sin quemarse. Use toallas de papel para absorber el exceso de grasa cuando termine de freír.

Brasear y estofar

Brasear y estofar son métodos que se pueden utilizar con un solo ingrediente a la vez, o con varios. Deje los vegetales enteros o córtelos en trozos grandes para brasearlos, o en trozos pequeños para estofarlos. También puede utilizar ingredientes aromáticos tales como un *mirepoix*, hierbas o especias. Añada un agente espesante en el líquido de cocción para darle cuerpo al guiso.

133 Práctica: fría en un sartén

Enjuague, pele y corte los vegetales en tamaños uniformes. Si es necesario, empanícelos o cúbralos con una ligera capa de harina o alguna masa para freír.

1 Caliente el aceite en un sartén y añada los vegetales.

2 Cueza a fuego medio hasta que los vegetales estén ligeramente dorados. Déles vuelta para que se cuezan del otro lado; retírelos del sartén y colóquelos sobre toallas de papel para retirar el exceso de aceite. Condimente y sirva.

134 Práctica: prepare una *ratatouille*

La *ratatouille* es un guiso francés de origen campesino, hecho a base de berenjena, pimiento, jitomate, ajo, cebolla y calabacita.

1 Caliente ¼ de taza aceite en una olla grande a fuego alto y sofría media taza de cebolla picada con dos dientes de ajo picados finamente, hasta que estén transparentes.

2 Baje el fuego a la mitad, y añada tres pimientos (de varios colores) picados en cubos. Cueza por tres minutos.

3 Añada una berenjena picada en cubos. Cueza por cinco minutos.

4 Incorpore dos calabacitas picadas en cubos y tres jitomates picados en cubos.

5 Agregue ½ taza de fondo de vegetales y cueza por 5 minutos más. Sazone con sal y pimienta.

6 Añada hierbas aromáticas (tomillo, orégano). Los vegetales en este punto deben estar suaves.

7 Agregue albahaca recién picada. Rectifique de sal y sirva de inmediato.

Las ensaladas

Las ensaladas le dan la oportunidad de experimentar con una rica mezcla de sabores, colores y texturas; éstas pueden ser sencillas, como una mezcla de hojas verdes o incluir sorprendentes combinaciones de vegetales, cereales o pasta. Las ensaladas pueden ser el acompañamiento perfecto para carnes, pescados o mariscos. Inicie desde lo más sencillo: una combinación de hojas sazonadas con una vinagreta simple.

Antes de que existiese la refrigeración, la mayoría de los platos fríos se preparaban en una despensa fría antes de llevarlos a la cocina caliente, desde donde eran enviados al comedor. Esta despensa era el lugar ideal para que el equipo de cocina produjera grandes presentaciones artísticas para un bufé, la más simple ensalada, patés y terrinas o hasta esculturas de hielo. Hace algunos años, las ensaladas ocupaban una línea o dos en el menú impreso; hoy en día existe una oferta vasta y estas preparaciones pueden llegar a ocupar una página entera, debido a que los clientes de hoy están mejor informados y conscientes de su salud, y demandan una amplia variedad de este tipo de preparaciones.

Tipos de ensaladas

Las ensaladas de entrada o primer tiempo se deben diseñar para crear una emocionante primera impresión ante el cliente, así como para estimular el apetito y generar expectación en las preparaciones que vendrán después; esto significa que deben estar hechas con ingredientes frescos, además de tener diversas texturas, servirse con aderezos de buen sabor y presentarse de forma atractiva. Una ensalada puede incluir vegetales frescos o ligeramente cocidos; además, si agrega algún tipo de queso,

embutido o carne, le añadirá atractivo a la preparación.

Las **ensaladas de guarnición** se sirven junto con el plato principal, por lo que necesitan estar en armonía con el resto de la comida servida en el plato. Este tipo de ensaladas deben ser ligeras y con sabores equilibrados que no opaquen el elemento principal del platillo. Las ensaladas de guarnición se llevan muy bien si se sirven con una selección de sándwiches en un almuerzo.

Las **ensaladas como plato principal** deben ser lo suficiente grandes como para constituir una comida completa. Generalmente contienen una cantidad considerable de proteínas en forma de carne, pollo, pescado o mariscos. Para los vegetarianos, se pueden ofrecer opciones como queso, huevos, tofu, o leguminosas. Los clientes que toman en cuenta la salud y la dieta esperan una suficiente variedad de platillos balanceados y variados en sabores y texturas. Este tipo de ensalada le ofrece una excelente oportunidad de utilizar su imaginación y creatividad para producir atractivas y apetitosas propuestas.

Las **ensaladas que se sirven entre tiempos** tienen como objetivo limpiar el paladar después de una entrada o un plato principal, justo antes

Las ensaladas verdes

Los ingredientes de estas preparaciones deben estar frescos, fríos, y sin restos de agua. Una buena refrigeración es necesaria para mantenerlos frescos.

Lave los componentes verdes de su ensalada y escúrralos bien. Las hojas se pueden marchitar debido a la pérdida de humedad, lo cual puede enmendar si las rehidrata y las refrigera por algunos minutos. Prepare las ensaladas verdes al momento de servirlas para que lleguen a la mesa con la máxima frescura posible.

Instrucciones de presentación

- Mantenga la ensalada en el centro del plato, lejos de la orilla. Recuerde que el mesero debe tener espacio para sostener y llevarlo a la mesa.
- Para una presentación atractiva, trate de darle altura a su ensalada.
- Sirva la ensalada con una apariencia simple. Si está demasiado elaborada, los clientes pensarán que demasiadas manos han manipulado sus alimentos.
- Trate de usar ingredientes coloridos en su ensalada; estimulará el apetito del cliente y le dará un gran atractivo visual.
- Corte los ingredientes de manera uniforme y ordenada. Haga que su objetivo sea cortar trozos del tamaño de un bocado.
- Asegúrese de que todos los ingredientes se puedan identificar.

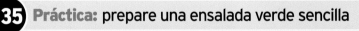

135 Práctica: prepare una ensalada verde sencilla

Lave algunos vegetales de hoja y refrigérelos por 20 minutos. Posteriormente córtelos en trozos pequeños y mézclelos en un tazón junto con otros vegetales como pepino, pimiento verde o ejotes blanqueados. Asegúrese de que todo esté cortado en trozos uniformes. Si la sirve inmediatamente, añada el aderezo cubriendo con él todos los

ingredientes; colóquela en un plato frío y añada como una guarnición una rebanada delgada de pan tostado.

del postre. Algunos vegetales verdes con una vinagreta ligera o una ensalada de frutas, son opciones muy populares. Este tipo de ensalada se consideró la norma del menú en los mejores restaurantes hace un tiempo, pero hoy en día, es una tendencia que aún no se ha generalizado.

Las **ensaladas de postre** se preparan a menudo con frutas frescas, frutos secos, helados y cremas.

Los **ingredientes de la ensalada**
Estos deben ser lo más frescos posible y variados en colores y texturas, pero sin descartar los productos secos, congelados o enlatados.

Los **vegetales de hojas verdes**: lechugas, espinaca, hojas pequeñas, coles de Bruselas, arúgula y flores comestibles.

Los **vegetales frescos**: aguacate, brócoli, apio, pepino, hongos, brotes de soya, jitomate, rábano, pimientos, cebollas, alcachofa, zanahoria y papa.

Los **vegetales cocidos, enlatados o conserva**: elote, palmitos, aceitunas, chícharos, pimientos, corazones de alcachofa y pepinillos.

Las **frutas frescas, congeladas o enlatadas**: manzana, zarzamoras, cerezas, higo, toronja, kiwi, mango, melón, naranja, durazno, pera, ciruelas y pasas.

Las **proteínas**: carnes frías, embutidos, carne de res, pollo, pavo, atún, langosta, salmón, sardinas, quesos, huevo, tofu, nueces y leguminosas.

Una todos los ingredientes
La mayoría de las ensaladas que se sirven como entrada o plato principal, tienen cuatro componentes: la base, el ingrediente principal, la guarnición y el aderezo.

La base es una selección de vegetales verdes, como lechugas o espinacas; el ingrediente principal y generalmente es una proteína como una pechuga de pollo o una cola de langosta. La guarnición añade textura y atractivo visual, como pan tostado o alguna nuez. El aderezo condimenta la ensalada añadiendo sabor, acidez y humedad.

136 **Práctica:** limpie las hojas de la ensalada

Elimine la tierra de las hojas antes de utilizarlas

1 Llene con agua un recipiente grande donde quepan las hojas; sumérjalas dentro y agítelas para retirarles cualquier suciedad; déjelas reposar durante algunos minutos y desinféctelas.

2 Séquelas en una centrifugadora.

137 **Práctica:** prepare una vinagreta

La vinagreta básica se utiliza como aderezo para ensaladas y por lo general se utilizan tres partes de aceite por una de vinagre. Los aceites pueden ser de oliva extra virgen, algún otro aceite aromático o aceite de maíz. La mostaza puede ser inglesa, francesa, o a la antigua. Comience por mezclar la mostaza y los condimentos, como sal y pimienta; después, añada el vinagre y vierta lentamente el aceite mezclando todos los ingredientes. Pruebe y ajuste la sazón en caso de ser necesario.

138 **Práctica:** prepare una mayonesa

1 Mezcle en un tazón dos yemas, una cucharada de mostaza, una cucharada de sal y una cucharada de vinagre. Vierta lentamente una taza de aceite en forma de hilo sin dejar de mezclar.

2 Continúe batiendo hasta que los ingredientes se hayan emulsionado.

3 En caso de ser necesario, ajuste la consistencia con una pequeña cantidad de agua o jugo de limón.

96 La pasta

Pasta significa en italiano "pegar", que es básicamente lo que es la pasta, una mezcla con cierta adherencia de harina de trigo y un líquido (agua o aceite). A algunas pastas se les pueden agregar huevos u otros ingredientes para enriquecerlas en sabor, color y textura.

La pasta es un alimento básico en la dieta de los italianos. Se cree que salió de Italia a otras partes de Europa cuando Catalina de Medici se casó en 1533 con Enrique II, futuro rey de Francia. Después, paso al continente americano con Thomas Jefferson, quien después de haber vivido en París, introdujo a Estados Unidos parte de la comida que ahí conoció. Esta preparación ha viajado mucho más allá de las fronteras italianas para convertirse en uno de los alimentos más populares del planeta. Algunos años atrás, los platillos de pasta en el menú eran macarrones con queso para niños, o espagueti a la boloñesa para adultos; ahora sabemos que su variedad es casi infinita en formas y tamaños. La facilidad para elaborarla, su bajo costo y su versatilidad, hacen que se pueda servir como entrada, plato fuerte, guarnición o postre.

La pasta seca

La mejor pasta seca se fabrica a partir de la sémola (componente de la parte interior de los granos de trigo). Cuando la compre, cerciórese de que sea de color amarillo y consistencia dura y crujiente; cuando se cueza, debe mantener su forma y estar firme al morderla (al dente). La pasta seca se puede hacer de diferentes sabores al añadirle purés de vegetales tales como las espinacas, el pimiento rojo, el jitomate y la calabacita; incluso se puede encontrar pasta negra preparada con tinta de calamar.

La pasta fresca

La pasta fresca se elabora con harina de trigo estándar, que es rica en gluten, y hace que la pasta esté suave cuando se cuece. La sémola no es la mejor harina para hacer pasta fresca, pero es perfecta para preparar pasta de manera industrial. Para hacer su propia pasta fresca, use harina de trigo y aceite, además de añadir purés de vegetales y otros elementos aromáticos como hierbas o especias a su gusto. También puede utilizar otras harinas como la de maíz, de centeno, o de trigo sarraceno, que dará a la pasta una textura, sabor y color diferentes.

La pasta seca *versus* la fresca

¿Cuál es la mejor? Tanto las pastas frescas como las secas tienen valiosas propiedades. Las frescas se llevan mejor con salsas a base de crema o mantequilla, pero también absorben más salsa que la pasta seca hecha de manera industrial. La versión fresca también ofrece la libertad para ser creativo, ya que puede utilizar sabores, colores y formas a su elección; su inconveniente es que tiene una vida de anaquel

Un alimento antiguo
¿Qué tan antigua es la pasta? Los registros se remontan al siglo V, al Talmud de Jerusalén, que hace referencia a los fideos hervidos.

Alimento mundial
La pasta y los fideos se comen en todo el mundo y han sido un alimento básico desde tiempos antiguos en Italia, Medio Oriente y Asia. La pasta ha viajado por el mundo desde que comenzó su producción industrial en el siglo XVIII.

Usos de la pasta

Capelli	sopas, caldos de pollo
Concchiglie	sopas, ensaladas, rellenos
Farfalle	ensaladas, sopas
Fettuccine	salsas de crema
Fusilli tricolori	ensaladas, sopas
Lasaña	al horno
Macarrones	salsas de crema y queso
Penne	ensaladas, guisos
Ravioles	salsas ligeras
Rigatoni	ensaladas, guisos
Espagueti	salsas ligeras, salsa espesas
Vermicelli	caldos de pollo, sopas, salsas

139 Práctica: elabore pasta fresca

La masa de pasta es una de las preparaciones más fáciles de hacer, ya que se trata básicamente de harina y un líquido mezclados. Es fácil preparar cantidades pequeñas de pasta, pero es posible que necesite utilizar una batidora eléctrica si desea hace grandes cantidades. Amasar la pasta con sus manos le brindará la oportunidad de trabajar la masa hasta que esté suave y libre de grumos.

1 Coloque medio kilo de harina en forma de volcán. Si utiliza más de un solo tipo de harina, mézclelas bien.

2 Rompa 5 huevos en una taza, viértalos en el centro de la harina y bátalos con un tenedor.

3 Vierta 5 cucharadas de aceite.

4 Bata de nuevo para incorporar el aceite.

5 Incorpore lentamente la harina de los lados de la fuente para empezar a formar la masa.

6 Siga incorporando la harina. Es posible que necesite usar una espátula si la mezcla se adhiere a la superficie.

7 Con las dos manos mezcle la harina con el líquido.

8 La mezcla debe ser una masa firme. Comience a amasarla.

9 Siga amasando hasta que adquiera una textura satinada. Envuélvala en plástico y déjela reposar durante 30 minutos como mínimo.

limitada, aunque se puede congelar con éxito. La pasta seca es ideal para las salsas de aceite de oliva o de jitomate, ya que tiene una textura firme. En un restaurante italiano, encontrará que regularmente se utilizan los dos tipos de pasta. A medida que adquiera experiencia con ambos tipos, sabrá cuál funciona mejor con qué salsa, o de qué manera la pasta complementa ciertos ingredientes, tales como el pescado, los mariscos, las aves o los vegetales asados.

Al cambiar la proporción de harina y líquido en la preparación de pasta fresca y al introducir otros ingredientes, usted puede hacer masas de diferentes densidades, que podrá preparar de diferentes maneras. Saber cómo hacer el mejor uso de las pastas es algo que todos los cocineros profesionales deben saber.

140 Práctica: elabore pasta a mano

Si usted no tiene una máquina para pasta, es fácil preparar la pasta a mano. Espolvoreé su mesa de trabajo con un poco de harina o sémola y extienda la pasta lo más fino posible, estirándola con ayuda de un rodillo. Posteriormente enróllela para hacer con ella un cilindro largo.

1 Coloque el cilindro en una tabla para picar y rebane el cilindro para formar *fettuccine*, de 3 mm de ancho. También puede cortar tallarines de 6 mm de ancho o *pappardelle* de 1 cm de ancho.

2 Seque la pasta extendiéndola en un paño limpio o en una toalla de papel.

espagueti

lasaña

penne rigate

canelones

farfalle

macarrones

fusilli tricolori

tortelloni

espirali

tallarines

ravioles

concchiglie

Todas las formas y tamaños
La gran variedad de formas de pasta
y colores le ofrece muchas opciones
para acompañar y enriquecer
cualquier plato.

cappelli

campanelle

141 **Práctica:** use una máquina para pasta

Trabaje con una pequeña
cantidad de masa y haga una
bola con ella.

1 Ajuste la máquina de pasta en el
número uno y pase la bola de masa
entre los rodillos.

2 Espolvoree ligeramente la masa
con harina.

3 Repita el proceso de laminado,
doblando la pasta sobre si misma;
esto ayudará a que la pasta
mantenga una forma uniforme.

4 Cada vez que pase la pasta a
través de la máquina, apriete los
rodillos hasta que obtenga el grosor
deseado.

1

2

3

4

Formas de pasta

La pasta se encuentra en diferentes formas y tamaños. Variedades de tiras largas y delgadas, cintas de diversos anchos, tubos huecos y formas caprichosas de todo tipo como las conchas. Las tiras largas y delgadas como las del espagueti, se llevan bien con una salsa suave de tomate o una rica salsa de crema. Los tubos huecos como el *penne* o *rigatoni*, se llevan bien con salsas robustas y espesas. Las pastas gruesas tales como *pappardelle* y *farfalle*, son la mejor opción si prepara un plato al horno servido con jugos de carne. Las conchas grandes se pueden rellenar de hongos o de mariscos. La pasta con una superficie estriada es ideal para las salsas pesadas, mientras que una con una superficie lisa como el *fettuccini,* es ideal para las salsas ligeras elaboradas a partir de crema, mantequilla o aceite de oliva.

Las pastas rellenas

El raviol es la pasta rellena más famosa y la más fácil de preparar. Sólo tiene que poner una lámina de pasta en la mesa y rellenarla con queso o carne (los rellenos tradicionales italianos), aunque también podría rellenarlas con langosta, cangrejo, champiñones, queso, hierbas o vegetales (en particular, espinacas y calabacitas). Después, ponga una lámina de pasta en la parte superior, selle los bordes y corte en cuadros, círculos o triángulos. El *tortelloni* es otro tipo de pasta rellena.

142 Práctica: corte y seque tallarines

Para convertir su pasta recién hecha en tallarines:

1 Lamine la pasta a 3 mm de grosor. Debe sentirse suave y verse satinada.

2 Pase la pasta a través del rodillo cortador (aditamento incluido con la máquina de pasta) y deje que los tallarines caigan libremente sobre la mesa; espolvoréelos con harina para que no se peguen entre sí.

3 Deje secar los tallarines colgando sobre un tubo de madera.

Servir *al dente*

Para saber si la pasta está en su punto de cocción ideal, debe estar un poco firme al morderla. El tiempo de cocción varía de acuerdo con la forma y grosor de la pasta, y si ésta es fresca o seca. La mejor manera saber si la pasta está "*al dente*", es tomar una pequeña cantidad y probarla; debe estar tierna pero firme y no cruda ni pastosa. Cuando esté lista, retírela del fuego, escúrrala y sírvala. El calor residual seguirá cociendo la pasta y la mantendrá caliente.

143 Práctica: prepare ravioles

Extienda dos láminas delgadas de pasta recién hecha. Prepare su relleno y use una cuchara o una manga pastelera pequeña para porcionar el relleno. Corte la pasta con un cuchillo o un cortador redondo para galletas.

1 Extienda su pasta y, con una cuchara, deposite pequeñas porciones del relleno sobre la masa.

2 Coloque con cuidado una hoja fina de pasta encima.

3 Presione alrededor del relleno para eliminar las bolsas de aire y sellar la masa.

4 Utilice un cortador de galletas para cortar cada raviol.

Cocer pasta fresca y seca

La pasta fresca se cocerá en tan sólo dos minutos debido a su alto contenido de humedad, mientras que la pasta seca estará lista entre ocho y doce minutos.

Hervir la pasta

Para hervir la pasta necesita por lo menos 4 litros de agua por cada 500 g de la misma. Hierva el agua, agregue sal, añada la pasta y revuélvala, de modo que esté completamente sumergida. Deje que el agua vuelva a hervir. La cantidad de agua y su movimiento al hervir evitará que la pasta se pegue, pero tendrá que moverla de vez en cuando. Tan pronto como la pasta esté *al dente*, cuélela, vacíela en un plato, cúbrala con la salsa que ha seleccionado y sírvala inmediatamente. Si quiere servir la pasta más tarde, una vez colada enfríela bajo el chorro de agua, cuélela de nuevo y mézclela con una pequeña cantidad de aceite para evitar que se pegue; después, vacíela en un contenedor, etiquétela y guárdela en el refrigerador, hasta que la necesite.

Hornear la pasta

Sin duda el plato de pasta al horno más conocido es la lasaña, que es un guiso de pasta en capas con otros ingredientes, como carne, espinacas, vegetales y salsa de tomate. Otros platos de pastas tales como las conchas rellenas también se pueden hornear. En la mayoría de las ocasiones, la pasta al horno es precocida, preparada y terminada en el horno.

144 Práctica: hierva pasta fresca

Llene una olla grande con agua fría y colóquela sobre la estufa. Deje que hierva el agua y añada sal.

1 Introduzca lentamente los fideos frescos en el agua hirviendo.

2 A medida que la pasta se empieza a suavizar, introdúzcala por completo en el agua con una cuchara de madera.

3 Mueva la pasta para evitar que se pegue entre sí o en el fondo de la olla.

4 Cueza la pasta hasta que esté *al dente*. Para probarla, tómela con una cuchara de madera y retire una pequeña cantidad.

145 Práctica: elabore una salsa de crema para una pasta

Las salsas de crema se llevan muy bien con el espagueti o el *fettuccini* porque la salsa se adhiere a la suave superficie de la pasta mejor que otros tipos de salsa. La salsa que se muestra aquí está hecha con tocino y crema, y es una versión simple de la salsa tradicional conocida como carbonara.

1 Caliente un poco de aceite y añada el tocino picado.

2 Cuando el tocino se dore, añada la pasta recién cocida y muévala para evitar que se pegue al fondo.

3 Vierta la crema y, cuando hierva, baje el fuego para que la salsa no se corte.

4 Añada hierbas frescas y condimentos; pruébela, sazone nuevamente si es necesario, y sirva caliente.

Fideos asiáticos y otros

Los fideos se utilizan en platos asiáticos y los encuentra en diferentes variedades. Aparte de los fideos, existen preparaciones elaboradas con harinas o masas que forman un elemento principal o secundario en los platillos, como los *dumplings*, ñoquis, chochoyotes y bolas de matza.

Fideos asiáticos

Las diferencias entre los tipos de fideos asiáticos surgen debido a las harinas y los ingredientes utilizados para las masas. La mayoría de los fideos secos necesitan ser remojados en agua antes de su elaboración para que se cuezan fácilmente y de manera uniforme.

Los fideos de trigo son delgados y planos, con una textura elástica.

Los fideos de frijol y trigo son delgados y transparentes.

Los fideos de arroz están hechos con harina de arroz. Necesita remojarlos en agua caliente antes de cocerlos y al terminar la cocción, enjuagarlos con agua fría para eliminar el exceso de almidón; esto evitará que se peguen. Este tipo de fideos puede servirse en platos salteados y sopas.

Otras masas y pastas

Los *dumplings*, los ñoquis, los chochoyotes, los *spaetzle* y las bolas matza se caracterizan por ser porciones pequeñas de masa o harina mezcladas o rellenas con otros ingredientes. Se pueden cocer al vapor, a fuego bajo en caldos o freírse.

Los **dumplings** son preparaciones de masa rellenas, pueden ser dulces o saladas, y se pueden comer solos (hervidos u horneados) o hervidos en sopas, caldos o estofados de los que formarán parte en la presentación final. Este tipo de preparaciones existe en varias partes del mundo, con variantes locales.

Los **ñoquis** son pequeñas bolitas de origen italiano, elaborados con una mezcla de masa de papa y harina de trigo con huevo y queso *ricotta* que, formadas en pequeñas piezas, se hierven, y después se saltean con mantequilla para servirse con queso parmesano rallado.

Los **chochoyotes** son bolitas de masa de maíz mezcladas con grasa de cerdo y sal, a las que se les hace un hueco en el centro que no llega al extremo opuesto. Se hierven en caldos, sopas y algunos guisos de la cocina mexicana para servir como guarnición y espesar las preparaciones.

Los **spaetzle**, son bolitas de masa hechas a partir de una mezcla gruesa de masa de harina de trigo, huevos y leche, crema, o agua. Por lo general se hierven en agua con sal, se escurren y luego se fríen con mantequilla y se sirven como guarnición para estofados y guisos.

Los tipos de fideos asiáticos

Tipo	Descripción	Uso
Hokkien mee	fideos de trigo y huevo, se asemejan a un espagueti espeso y amarillo	sopas, salteado en *wok*
Mian	fideos de trigo chinos, hechos con o sin huevos; existen de diferentes anchos	sopas, salteado en *wok*, frito
Fideos de frijol	fideos muy finos y gelatinosos	sopas, ensaladas, guarniciones
Ramen	fideos fritos vendidos en paquetes con polvo y condimentos	sopas, salteado en *wok*
Fideos de arroz	hechos con harina de arroz, conocido con varios nombres según la zona	*Pad Thai*
Soba	hechos de trigo, son de textura firme	ensaladas, sopas
Udon	fideos japoneses gruesos y suaves	guisos, salteado en *wok*, sopas

146 Práctica: haga bolitas matza

Intente esta preparación sencilla para añadir sabor a sus sopas.

Receta
- 4 huevos batidos ligeramente
- 120 g de mantequilla derretida
- 5 cucharadas de mantequilla derretida
- 75 ml de fondo de pollo o agua
- 1 cucharadita de sal
- ¼ de cucharadita de pimienta
- 1 pizca de nuez moscada (opcional)
- 240 g de harina de matza

1 Mezcle en un tazón los huevos con la mantequilla derretida, el fondo y los ingredientes secos.

2 Agregue la harina de matza y mezcle bien. Cubra el recipiente con plástico autoadherible y refrigérelo durante una hora.

3 Forme pequeñas bolitas de 2.5 cm y vacíelas en la sopa o en el guiso 20 minutos antes de servirlo.

En caso de que no encuentre harina de matza, realice unos chochoyotes. Mezcle masa de maíz con un poco de manteca y sal. Forme esferas pequeñas, presione el centro con el dedo índice para formar una "cazuelita" y añádalos 10 minutos antes de servir a sopas, guisos y estofados.

Los lácteos y el huevo

La leche, la crema, la mantequilla y los huevos son deliciosos por sí mismos, pero también son ingredientes clave para muchas preparaciones; esta sección le ayudará a saber por qué. Aprenderá cómo los lácteos se compran y venden y por qué es tan importante controlar su temperatura. El mundo de los lácteos es muy amplio, y cubre una enorme gama de alimentos; conocerá la gran variedad de leches, y por qué es uno de los alimentos más nutritivos para los seres humanos. También aprenderá el proceso para hacer crema, desde la media crema, hasta la más espesa, y conocerá los tipos de queso, sus características y cómo cocinarlos.

Se dedican cuatro páginas a los huevos de gallina, un excelente alimento que contiene gran cantidad de proteínas de bajo costo y fáciles de conseguir. Aprenderá cómo batirlos, hervirlos, cocerlos, freírlos, revolverlos, hacer *hot cakes* y *omelettes*. También aprenderá a comprarlos en diferentes tamaños y categorías, cómo almacenarlos, y cómo prepararlos; además, aprenderá por qué los huevos se sirven en casi todas las comidas, todos los días de la semana.

Leche, crema y mantequilla

Los lácteos provienen principalmente de la leche de vaca, son muy versátiles y se utilizan en toda la cocina como ingredientes en una gran variedad de platos.

La leche, la crema y la mantequilla dan textura, sabor, color, y valor nutricional a cada plato al que se añaden.

La leche de vaca

Es uno de los alimentos más nutritivos al proporcionar proteínas de alta calidad, vitaminas y minerales, entre ellos el calcio. La leche entera contiene aproximadamente un 88 por ciento de agua con alrededor del 3 por ciento de grasa y un 8 por ciento de otros sólidos lácteos.

Procesamiento de la leche

La **pasteurización** consiste en calentar la leche a una temperatura de 72 °C durante 15 segundos. Esto mata a cualquier bacteria y desnaturaliza a las enzimas que estropean la leche, por lo tanto, prolonga su vida de anaquel.

La **ultra-pasteurización** se utiliza principalmente con la crema para batir y las cremas individuales que se añaden a las bebidas calientes. El proceso consiste en calentar la leche a una temperatura de 135 °C, entre dos y cuatro segundos. Estas altas temperaturas destruyen prácticamente todas las bacterias.

En la **temperatura ultra-alta** (UHT por sus siglas en inglés), la leche se mantiene a una temperatura de entre 138 y 150 °C entre dos y seis segundos. Después se envasa en recipientes que se pueden almacenar a temperatura ambiente hasta por tres meses. Refrigérelos antes de abrir y después almacénelos igual que la leche fresca, en el refrigerador. La leche UHT tiene un ligero sabor cocido, pero las altas temperaturas tienen poco o ningún efecto sobre el valor nutricional de la leche.

La **homogeneización** reduce el tamaño de las células grasas en la leche entera y las dispersa permanentemente por todo el líquido. Esto previene que la grasa se acumule en la parte alta de la leche, lo que le da una consistencia más uniforme, un color más blanco y un mejor sabor.

La **leche baja en grasa** es la leche entera a la que se ha extraído la grasa, y se le ha dejado sólo un 2 por ciento de la cantidad original. La leche sin grasa, libre de grasa o descremada, contiene menos de la mitad del porcentaje de la leche baja en grasa.

La **leche evaporada** es leche entera homogeneizada a la cual se le ha extraído el 60 por ciento de agua para ser enlatada y esterilizada con calor. Tiene un color más oscuro que el de la leche fresca. Debe ser almacenada en un lugar fresco, pero una vez abierta, se debe tratar de la misma manera que la leche fresca.

La **leche condensada** es leche entera homogeneizada a la que se extrajo el 60 por ciento de agua, pero con una gran cantidad de azúcar añadida (del 40 a 45 por ciento). Se utiliza en repostería y dulcería.

La mantequilla

La mantequilla (ver página 85) se mantiene firme a temperatura ambiente pero comienza a derretirse a una temperatura de 33 °C y a quemarse a 127 °C. Su sabor es inigualable en salsas, panes y pasteles. La mantequilla clarificada es un producto más estable para usar en la cocina. Se le llama clarificaión al proceso de eliminar los sólidos de leche de la mantequilla para que pueda soportar temperaturas más altas sin quemarse. El *ghee* es una forma de mantequilla clarificada que se originó en la India; soporta altas temperaturas y tiene un sabor a nuez y caramelo.

---

147 **Práctica:** clarifique mantequilla

La mantequilla clarificada se utiliza comúnmente para hacer *roux*, espesar salsas y elaborar preparaciones con mantequilla como las salsas holandesa o bearnesa. También se puede utilizar mezclada con aceite vegetal para saltear. Para clarificar, siempre utilice mantequilla sin sal.

1 Coloque la mantequilla en una cacerola a fuego bajo y poco a poco deje que se derrita. La espuma comenzará a aumentar en la parte superior.

2 Con una cuchara retire suavemente la espuma de la parte superior de la mantequilla derretida. Los sólidos de la leche caerán al fondo de la cacerola.

3 Retire la mantequilla clarificada y deje los sólidos de la leche en el fondo.

148 Práctica: realice crema de mantequilla

Con las cremas de mantequilla se hacen deliciosas coberturas y rellenos para tartas y productos de pastelería. Están hechas con la mezcla de mantequilla y una base de azúcar con huevo. Tenga los ingredientes a la mano, pero mantenga los huevos refrigerados hasta que los necesite. Cierna el azúcar, suavice la mantequilla y córtela en cubos pequeños. Necesitará un termómetro para azúcar o caramelo, una espátula, y una batidora eléctrica.

1 Mezcle el azúcar y el agua en una cacerola y deje que hierva. Use una brocha mojada para limpiar los laterales de la cacerola. Mantenga el azúcar en el fuego hasta que llegue a una temperatura de 116 °C.

2 Cuando el almíbar esté hirviendo, bata las claras de huevo a punto de nieve.

3 Poco a poco vierta el almíbar caliente en forma de hilo en las claras batidas.

4 Añada en pequeñas cantidades la mantequilla suavizada y continúe batiendo hasta que la mezcla esté suave.

5 Una vez que la mantequilla se incorpore, estará lista para que la use o la refrigere.

La **leche en polvo** está hecha de leche pasteurizada a la que se le extrajo prácticamente todo el líquido; la falta de humedad impide el crecimiento de microorganismos, por lo tanto su vida de anaquel es más larga. Agregue agua a la leche en polvo para utilizarla como leche fresca o úsela en su forma seca para productos de panadería.

Tipos de crema

La crema contiene como mínimo el 18 por ciento de grasa de leche, es rica en sabor y tiene un ligero color amarillo o marfil.

La **media crema** se compone de entre el 10 y 18 por ciento de grasa de leche, y es una mezcla de leche entera y crema. Se utiliza en el café o para cereales en el desayuno.

La **crema simple** o la **crema de mesa** se compone de entre el 18 y 30 por ciento de grasa de leche. Se utiliza con frecuencia en el café, productos de panadería y sopas.

La **crema para batir** se compone de entre el 30 y 35 por ciento de grasa de leche. A menudo se utiliza en alimentos horneados, salsas y helados. Se puede batir hasta obtener una espuma y usarla en *mousses.*

La **doble crema** está compuesta por no menos del 36 por ciento de grasa de leche y se utiliza para muchas preparaciones. Cuando se bate, mantiene su textura y consistencia más tiempo que la crema para batir.

Los productos lácteos con cultivos

El **yogur** es un producto espeso y agrio elaborado con leche cultivada con *Lactobacillus bulgaricus* y *Streptococcus thermophilus*. Tiene la misma cantidad de grasa de la leche con la que se hizo.

El **yogur griego** es más cremoso y denso en textura y sabor que el yogur normal.

La ***crème fraîche*** es una crema cultivada, de sabor ácido. Es muy popular en Europa.

La **crema ácida** se elabora mediante la adición de un cultivo a la crema homogeneizada pasteurizada; contiene un porcentaje de grasa no inferior al 18 por ciento y se usa como condimento o en alimentos horneados.

El **suero de leche** tiene sabor agrio y consistencia espesa producida por la adición de un cultivo a la leche fresca, pasteurizada, descremada o baja en grasa.

Refrigeración

Los productos lácteos frescos deben mantenerse por debajo de los 5 °C. Es importante mantenerlos alejados de otro tipo de alimentos tales como la cebolla o el ajo, ya que absorberán sus olores y sabores fuertes. Manténgalos en recipientes cerrados herméticamente y consúmalos antes de su fecha de caducidad.

El queso

El queso es uno de los alimentos procesados más antiguo. Se puede servir solo en un plato de quesos, como ingrediente principal o como acompañamiento en numerosos platos, desde el desayuno, hasta los platos principales, aperitivos y postres.

Durante siglos, los quesos naturales se han hecho con leche de vacas, cabras u ovejas. La caseína o proteína de la leche se coagula mediante la adición de cuajo, para obtener una separación de cuajada sólida y suero líquido. La cuajada se puede convertir en queso fresco, como el *ricotta* (ver práctica 149). Un proceso adicional se realiza mediante la reducción, el amasado y la cocción, para obtener un queso joven que después se moldea y se drena. Se le pueden agregar condimentos y bacterias para desarrollar su sabor, color, textura y maduración.

Algunos quesos tienen una corteza natural, mientras que otros pueden ser cubiertos de cera. Los quesos frescos no tienen corteza, y cuanto mayor sea su contenido de humedad, más perecedero será. Los quesos duros tienen baja humedad y pueden durar varias semanas o mucho más. El contenido de grasa puede variar desde un mínimo de 20 por ciento hasta por lo menos el 60 por ciento, como el queso triple crema.

149 Práctica: elabore queso *ricotta*

Es muy fácil hacer este queso y su sabor es maravillosamente dulce y cremoso. Recuerde que este es un queso fresco de alta humedad y debe ser refrigerado en todo momento.

Receta
- 1 l de leche entera a temperatura ambiente
- 100 ml de jugo de limón

Vierta la leche en una cacerola y lentamente suba el calor hasta 82 °C (ayúdese con un termómetro). Mantenga la leche a esta temperatura durante cinco minutos. Retire del fuego, añada el jugo de limón y mueva continuamente hasta que comiencen a formarse grumos. Vierta suavemente la cuajada sobre una manta de cielo para que se drene y elimine el suero líquido. Deje reposar el queso durante una hora. Ate las cuatro esquinas de la tela para hacer una bolsa y suspéndalo en lo alto de un contenedor cerrado; déjelo toda la noche en el refrigerador. Después, separe el queso, sazónelo con sal, y utilícelo como cualquier queso *ricotta*.

Tipos de quesos

Nombre	tipo	leche	características	% de grasa	usos culinarios
Asiago	duro	vaca	ligeramente amarillo, de moderado a fuerte	30	ensaladas, pasta, frutas, panes.
Boursin	suave, triple crema	vaca	sin corteza, blando, cremoso, suave	75	mesa, platos de cocina.
Camembert	suave	vaca, cabra	suave, ligero, amarillo, blando	45	mesa, sándwiches.
Cheddar	firme	vaca	liviano a medio, moderado a fuerte	45-50	mesa, sándwiches, fundidos.
Fontina	semi-suave	vaca, oveja	medio, amarillo, moderado a graso	45	mesa, fondues, sándwiches.
Gorgonzola	semi-suave	vaca, cabra	medio, amarillo, marmoleado, amargo	48	mesa, ensaladas, pizza.
Gruyère	firme	vaca	beige, corteza café, perfumado frutal	45-50	fondues, gratinados, sopas.
Manchego	firme	oveja	amarillo ligero, fuerte, perfumado a nuez	45-57	mesa, ensaladas.
Marscapone	fresco	vaca	suave, amarillo pálido, mantecoso	70-75	tiramisú, fruta.
Mozzarella	fresco	búfalo	suave, blanco, tierno, tal vez ahumado	40-45	pizza, ensalada Caprese.
Parmesano	duro	vaca	pajizo, fuerte, perfumado a nuez, salado	30-35	pasta, risotto, ensaladas.
Pecorino Romano	duro	oveja	blanco, corteza negra, salado, picante	35	mesa, pasta, ensaladas.
Provolone	firme	vaca	de amarillo pálido a café, grasoso, ahumado	45	mesa, panes, carnes frías.
Oaxaca	fresco	vaca	semi-suave, blanco, cuerpo flexible	45	quesadillas, antojitos, tacos
Ricotta o requesón	fresco	vaca	suave, húmedo, blanco, granulado	4-10	pay, relleno de pasteles y pastas
Roquefort	semi-suave	oveja	de pasta azul, sabor profundo, condimentado	45	mesa, ensaladas.
Taleggio	semi-suave	vaca	ligero, amarillo, salado, fuerte	48	mesa, ensaladas, guisos.

El queso fresco sin madurar

Al queso fresco sin madurar se le conoce como queso blanco o queso fresco. Con contenido medio de humedad de entre el 40 al 80 por ciento, es suave, cremoso y ligeramente ácido. El queso crema se hace a partir de leche de vaca y tiene un 35 por ciento de materia grasa.

El queso suave

Es alto en humedad, cremoso y delicioso. En esta categoría se agrupan algunos de los quesos más populares alrededor del mundo. Un buen ejemplo es el *Brie* de Francia, que contiene un 60 por ciento de grasa y se elabora dentro de discos redondos y planos; cómprelo si está suave, pues si es duro y firme, no ha madurado todavía.

El queso semi-blando, el firme y el duro

Sin ser demasiado duro o frágil, este tipo de queso tiene una textura cerrada y desmenuzable; un ejemplo es el *cheddar* que se produce en el Reino Unido, Estados Unidos y Australia. Los sabores pueden variar de leve a muy fuerte, dependiendo de la edad. Los quesos duros se componen de un 30 por ciento de humedad y son cuidadosamente añejados; a menudo se rallan para su uso.

El queso procesado

Para elaborar estos quesos se muelen uno o más quesos naturales que se calientan y se mezclan con emulsionantes y otros ingredientes para verterse dentro de moldes que les darán forma. Son muy baratos y duran mucho tiempo; se funden fácilmente debido a su suavidad.

Almacenamiento y consumo

La mayoría de los quesos se pueden almacenar en el refrigerador si están bien envueltos. Firme o duro, el queso puede durar semanas, mientras que el queso fresco tiene un periodo de vida de entre siete y diez días, debido a su alto contenido de humedad. La regla más importante sobre el queso es servirlo a temperatura ambiente. Sólo así desarrollará su verdadero y pleno sabor. Lo mejor es cortarlo justo antes de servir.

150 Práctica: elabore tejas de queso parmesano

Las tejas de queso parmesano pueden ser un gran bocadillo. También se pueden servir como parte de un plato de quesos junto con queso *ricotta* recién hecho o bien, con queso *mozzarella*, tomates, albahaca y algún aderezo de vinagre balsámico. Para estas tejas, es recomendable utilizar el queso recién rallado.

1 Ralle el queso finamente. Coloque sobre una charola antiadherente un cortador de galletas de 5 cm y llénelo con el queso. Retire el cortador y haga lo mismo hasta llenar la charola.
2 Coloque la charola en el horno a una temperatura de 180 °C, entre ocho y diez minutos. Retire tan pronto como esté fundido el queso.
3 Deje que las tejas se enfríen un poco en la charola y después trasládelas a una rejilla para enfriarlas completamente.

151 Práctica: pruebe el sabor de los quesos de su zona

Estos quesos, generalmente artesanales, se producen en pequeñas cantidades por manos experimentadas y se venden principalmente en los mercados regionales. Al adquirir estos quesos, además de apoyar la tradición artesanal, contribuye de forma monetaria para que los pequeños productores continúen elaborando sus productos. Trate de comprar quesos diferentes cada semana. México tiene una gran variedad de quesos frescos regionales que puede comenzar a descubrir a partir de ahora. Pregunte a los productores el proceso de elaboración, los ingredientes y las preparaciones tradicionales que se elaboran con ellos.

Cocine con quesos

Los quesos más utilizados para cocinar son el *cheddar*, el tipo suizo y el parmesano. Se utilizan principalmente en sopas, souflés y bocadillos fríos y calientes.

Consejos:
1 Un fuego muy alto causará que el queso se endurezca por la elevada cantidad de proteínas que lo componen. Cocínelo siempre a fuego bajo, y si está preparando una salsa con queso, nunca deje que hierva.

2 Ralle el queso antes de derretirlo. Esto permitirá que se funda de manera uniforme.

3 El queso añejo se derrite y se mezcla con los alimentos más fácilmente que el queso joven.

4 Los quesos fuertes añejados dan más sabor a los alimentos que los quesos jóvenes.

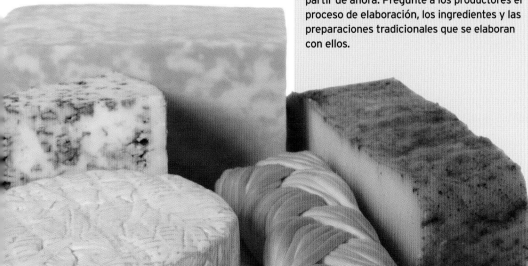

El huevo

El huevo de gallina es un excelente alimento por su alto contenido en proteínas; es de bajo costo y está disponible casi en cualquier lugar: en mercados, tiendas de autoservicio, misceláneas, etc. El huevo se puede servir prácticamente en cualquier comida, puede cocerse en su cascarón, tibio o duro, pochado, frito, revuelto o preparado como *omelette* o suflé. Todo cocinero profesional domina las diferentes cocciones a las que se puede someter el huevo.

Los tamaños actuales de los huevos

Tamaño	gramaje
Jumbo	mayor de 2,5 oz (71 g)
Muy grande o extra grande	mayor de 2.25 oz (64 g)
Grande	mayor de 2 onzas (57 g)
Mediano	mayor de 1.75 oz (50 g)
Pequeño	mayor de 1,5 oz (43 g)
Diminuto	mayor de 1.25 onzas (35 g)

Valor nutricional

Los huevos proporcionan al organismo humano vitaminas A, D, K y el complejo B. Las investigaciones recientes sugieren que los huevos no son tan malos para el corazón como se pensaba. Se sugiere consumir cuatro huevos por semana como parte de una dieta equilibrada.

La composición de un huevo

Sus tres partes principales son cáscara, yema y clara. La cáscara está hecha de carbonato de calcio y la raza de la gallina determina su color, que va desde el blanco pálido hasta el café oscuro. Se piensa que los huevos cafés son mejores, pero la cáscara no tiene ningún efecto en el sabor, la nutrición o la calidad. La cáscara es porosa, por lo que deberá almacenar los huevos lejos de alimentos de olor fuerte. La yema es la parte amarilla y ocupa por lo general hasta un tercio de su volumen, contiene la mayor parte de la grasa del huevo, vitaminas y minerales; la lecitina, sustancia que ayuda a unir las salsas en la cocina, también se encuentra en la yema. La clara constituye dos terceras partes del volumen del huevo y contiene más de la mitad de las proteínas y riboflavina. Las claras coagulan entre los 62 y los 65 °C, mientras que la yema entre 65 y 70 °C.

La clasificación de los huevos

Los huevos se clasifican de acuerdo con la calidad interior y el estado y aspecto de los cascarones. Los huevos de cualquier calidad pueden variar en peso.

Los de **categoría AA** tienen claras que son gruesas y firmes, las yemas son grandes, redondas y libres de defectos, y poseen cascarones limpios e intactos.

Los de **categoría A** tienen las características de los AA, salvo que sus claras son menos firmes. Esta calidad es la más vendida en las tiendas Las categorías AA y A son las mejores para freír y escalfar.

Los de **categoría B** tienen claras que pueden ser más delgadas y las yemas pueden ser menos planas y resistentes que las de los huevos de categorías más altas. Esta calidad de huevos rara vez se encuentra en el comercio minorista de las tiendas, pues se usa generalmente para productos congelados, líquidos, huevo en polvo y otros productos.

Practique las técnicas básicas
Las tres técnicas básicas que cualquier profesional de la cocina necesita saber sobre los huevos son: el pochado, la fritura y la cocción por ebullición. La práctica hace la perfección, por lo que le recomendamos practicar lo más que pueda.

152 Práctica: prepare huevos hervidos

Llene una cacerola mediana con suficiente agua para cubrir los huevos. Retire los huevos del refrigerador y déjelos llegar a temperatura ambiente. Hierva el agua e introduzca los huevos en ella con una cuchara. Baje el fuego y comience a tomar el tiempo. Dependiendo del tamaño de los huevos, se dejarán de tres a cinco minutos si se desean tibios; de cinco a siete minutos si se desean suaves y de diez a doce minutos si se quieren duros.

153 Práctica: prepare huevos revueltos

Toma tiempo llegar a perfeccionar la técnica de los huevos revueltos, pero la buena noticia es que cada vez que practique, usted, sus amigos y familiares, comerán los resultados. Los huevos revueltos saben bien solos, acompañados con salmón ahumado o con cebollitas picadas. Para darles un toque de lujo también se sirven con trufas recién rebanadas.

1 Coloque en un tazón de dos a tres huevos por porción y agregue una pequeña cantidad de crema. Bátalos hasta que estén bien mezclados.

2 Derrita una pequeña cantidad de mantequilla a fuego medio y agregue los huevos batidos. Sazone y revuelva continuamente hasta que los huevos comiencen a cocerse.

3 Retire del fuego una vez que los huevos cuajen; deben ser suaves, cremosos y húmedos. No los cueza en exceso.

154 Práctica: fría un huevo

Caliente una pequeña cantidad de aceite en un sartén. Abra con cuidado el huevo y déjelo caer suavemente en el aceite caliente. Fría durante uno o dos minutos y bañe el huevo con el mismo aceite caliente. La clara estará firme y los bordes se dorarán, pero la yema debe mantenerse suave. Voltee el huevo con una espátula y cueza por 15 segundos.

155 Práctica: poche un huevo

Hierva agua en una cacerola a fuego bajo. Agregue una pequeña cantidad de vinagre al agua y rompa el huevo dentro de un vaso. Use un batidor de globo para hacer un vórtice en el centro del agua y deje caer el huevo en ella; cueza entre tres y cuatro minutos. Sáquelo del agua con una cuchara y sírvalo. Es necesario que la clara cuaje y que la yema aún gotee.

Los huevos en el menú

Si usted solicita trabajo en la cocina de un gran hotel, seguramente le ofrecerán primero el puesto de cocinero para desayunos. Ahora que está familiarizado con las habilidades básicas implicadas en cocer los huevos, es necesario que se concentre en la velocidad, el tiempo y la precisión. Los huevos se utilizan en todos los menús y en muchos platos diferentes. Necesita practicar cómo separar la clara de las yemas y también cómo hacer crepas.

Los métodos de cocción

Los **huevos hervidos** se cuecen en su cascarón, tibios, suaves o duros. Se pueden servir con o sin cáscaras y son utilizados en otras preparaciones tales como los huevos rellenos (ver práctica 156). Lo mejor es hervirlos a fuego bajo en una olla grande con suficiente agua para cubrirlos completamente. Comience a tomar el tiempo de cocción de los huevos después de haberlos puesto en la olla. Si los deja hervir mucho tiempo, notará que aparece un aro verde alrededor de la yema. Esta es una reacción química que ocurre entre el hierro y el azufre, presentes de forma natural.

Los **huevos pochados** siempre tienen una consistencia tierna. Coloque los huevos sin cáscara en una olla con agua hirviendo, suficiente para que los cubra; cuézalos suavemente a fuego bajo cuidando de mantener su forma; mientras el huevo esté más fresco, será menos probable que la clara se disperse. Puede servir los huevos pochados como los huevos benedictinos (huevos pochados, pan inglés, tocino y salsa holandesa) o como guarnición de una deliciosa sopa. Añada vinagre al agua para fijar las proteínas del huevo

con mayor rapidez en caso de que se rompa. Puede cocer huevos pochados poco a poco con antelación, dejándolos ligeramente crudos y colocándolos rápidamente en agua fría. Al momento de servir, caliéntelos en agua a fuego bajo antes de servir.

Los **huevos fritos** se cuecen en un sartén o sobre una plancha con aceite caliente o mantequilla clarificada. Es importante que use los huevos más frescos disponibles para obtener un platillo de calidad.

Los **huevos revueltos** se cuecen en un sartén o sobre una plancha con una pequeña cantidad de aceite o mantequilla clarificada. Elija huevos muy frescos y bátalos con una pequeña cantidad de leche o de crema. Hay dos métodos para hacer huevos revueltos: mezclar los huevos constantemente sobre fuego bajo para obtener un cuerpo delicado y textura cremosa, o revolver con menos frecuencia para producir un gran cuerpo y una textura más firme. Cuando empiecen a secarse, añada hierbas frescas, quesos, salmón ahumado o trufas.

Almacenamiento

Los huevos se almacenan a una temperatura por debajo de los 7 ºC y a una humedad relativa de entre 70 y 80 por ciento. Al hacer huevos escalfados o fritos, úselos tan frescos como sea posible; los más viejos puede usarlos para hervir o para hacer merengues. Mientras más viejo sea un huevo, más delgada será la clara. Un huevo envejecerá más si lo dejamos un día fuera del refrigerador, que si lo dejáramos más de una semana dentro. Rote los huevos a medida que los compre y no los use si están agrietados o sucios; almacénelos lejos de los alimentos con sabor fuerte para reducir la absorción de olores.

156 Práctica: prepare huevos rellenos

Hierva los huevos hasta que estén duros, déjelos enfriar, quíteles la cáscara y córtelos por la mitad longitudinalmente; retire las yemas y mézclelas con mayonesa, mostaza, salsa inglesa y condimentos hasta lograr una pasta suave. Coloque la mezcla de yemas en una manga pastelera con duya y comience a rellenar cada mitad de huevo. Por último, decore con perejil picado, alcaparras, rodajas de aceitunas, pimento rojo, o caviar.

Masas con huevo
Generalmente se preparan con una mezcla de harina, líquidos, huevos y a veces puede agregarse crema o incluso cerveza. Entre las más comunes se encuentran las crepas, los *hot cakes* y los pudines ingleses Yorkshire.

Los *omelettes* es necesario cocerlos en un sartén para *omelettes* con superficie antiadherente y usarlos únicamente para esta preparación. Use una cuchara de madera o una espátula para revolver el huevo, esto también reducirá la posibilidad de rayar las sartenes. Al principio pueden parecer huevos revueltos, pero una vez que empiezan a cocerse, se les dará la vuelta. Preparciones similares son la *frittata* en Italia y la tortilla en España: los *omelettes* estilo granjero se terminan de cocer en el horno. Puede adornarlos o rellenarlos con vegetales salteados, queso, papas al vapor o pescado ahumado.

Los **suflés**. Hay dos cosas que hacen a un suflé sabroso: la base, generalmente hecha de una espesa bechamel, y claras de huevo batidas. Puede darle más sabor a la base agregando queso rallado, espinacas e incluso, mariscos.

157 Práctica: elabore crepas

Las crepas son muy populares y fáciles de hacer; se sirven dulces o saladas, dependiendo del relleno. Cierna la harina, la sal y el azúcar en un tazón grande, después, añada los huevos y la leche para obtener una mezcla suave con la consistencia de una crema espesa.

1 Mezcle muy bien 2 huevos, 250 ml de leche, 2 cucharadas de mantequilla fundida, 100 g de harina y 1 pizca de sal.

2 Caliente un poco de mantequilla en un sartén para crepas, vierta un cucharón de la mezcla y distribúyala uniformemente en el sartén.

3 Cueza entre 45 y 60 segundos; agite el sartén para que la crepa se despegue y dele la vuelta.

4 Cueza entre 30 y 45 segundos más. Sirva inmediatamente la crepa o póngala en papel encerado y refrigérela para usarla después.

158 Práctica: separe claras y yemas

Golpee ligeramente la cáscara en una superficie plana. Rómpala encima de un tazón y sepárela cuidadosamente con sus dedos. Pase la yema de una parte de la cáscara a la otra; permita que la clara caiga en el tazón y coloque las yemas en un recipiente aparte.

159 Práctica: bata las claras de huevo

Las claras de huevo batidas se utilizan en una gran variedad de platos tales como merengues, souflés y *mousses*. Separe las yemas de las claras y coloque las claras en un tazón limpio y seco. Puede agregar un poco de cremor tártaro para mejorar la consistencia.

1 Bata las claras con un batidor globo o en la batidora hasta que espumen.

2 Añada dos tercios de la cantidad de azúcar que indique su receta. Continúe batiendo hasta que queden rígidas y brillantes.

3 Espolvoree el resto del azúcar sobre las claras batidas y mezcle delicadamente con movimientos envolventes.

Productos horneados, postres cremosos y chocolate

La panadería y la pastelería son especialidades que requieren un dominio de técnicas culinarias. Un cocinero profesional necesita conocimientos básicos de cómo se modifican los ingredientes cuando se hornean. El pan es un producto internacional; su uso en la cocina es muy amplio, y una forma práctica y versátil para utilizarlo es en sándwiches. Eligiendo adecuadamente los ingredientes se pueden obtener sándwiches que resultan en una atractiva y apetitosa comida ligera.

Las masas y los panes, dulces o salados, son indispensables en cualquier cocina. En esta sección, conocerá los principales tipos de masas y pastas para el arte de la panadería y repostería. Los merengues son necesarios en la repostería, y se pueden utilizar para elaborar suflés, cubiertas para pasteles, o secarlos lentamente en el horno para rellenarlos con fruta, helado o crema batida. Otro producto básico, el chocolate, se produce en diversas variedades; su utilización en la repostería no se limita sólo a decoraciones, pues forma parte también de rellenos, cremas, coberturas, panes y pasteles.

114 Los sándwiches

Los sándwiches se incluyen casi siempre en todos los menús, desde elegantes recepciones, hasta para aperitivos y entradas casuales. Sándwich se refiere a cualquier tipo de pan o similar, que contiene ingredientes para ser consumido de una forma práctica, generalmente con la mano.

Tipos de sándwiches

- Los sándwiches calientes incluyen *hot dogs*, hamburguesas y *wraps*; pueden calentarse en la parrilla o freírse.
- Los sándwiches calientes con una cara abierta, se hacen con pan tostado, a la plancha o fresco; se sirven en un plato con el relleno encima.
- Los sándwiches fríos pueden ser abiertos o cerrados. No se sirven calientes; se utilizan carnes precocidas, pescados o mariscos con vegetales ya preparados o untables. Un sándwich básico usa dos rebanadas de pan, mientras uno con pisos se puede hacer con tres o más rebanadas.
- Los sándwiches fríos de una sola tapa incluyen al popular sándwich escandinavo conocido como *smørrebrød*. Es muy importante que tengan una presentación atractiva para cautivar.

El término sándwich se comenzó a utilizar hace 200 años con el cuarto conde de Sandwich, Sir John Montague, quien gustaba de comer carne y queso entre dos rebanadas de pan mientras jugaba a las cartas. Un sándwich es a menudo una de las primeras cosas que las personas aprenden a hacer en su cocina. Incluso, si se dicen incapaces de cocinar, casi cualquiera puede hacer un delicioso sándwich con sobras del refrigerador.

Actualmente, la mayoría de los restaurantes, incluyen una serie de sándwiches en sus menús. Son rápidos y fáciles de producir y dan al equipo de trabajo la libertad de echar a volar la imaginación. Cuando sirve el mejor pan con un increíble relleno, sus clientes querrán regresar por más.

Los sándwiches se componen de tres elementos básicos: un pan, un aderezo y un relleno; generalmente, van decorados o acompañados de una guarnición.

El pan

Las opciones de panes para un sándwich son casi infinitas. Existe el pan de caja, de centeno, croissants, baguettes, de especias, de frutas, pita y *focaccia*, por mencionar sólo alguno. Todos son aptos para ser rellenados y aderezarse, además de ser fáciles de manipular y comer. El pan añade color, sabor, textura, valor nutricional y una apariencia diferente dependiendo del que elija. Recuerde la regla número uno: asegúrese de que el pan sea fresco. Resulta desagradable morder un pedazo de pan viejo, sin importar lo bueno que sea el relleno. Asegúrese también de que el sabor del pan no domine sobre el relleno y que sea lo suficientemente firme como para soportarlo sin llegar a humedecerse o romperse cuando se le dé una mordida.

El aderezo

El objetivo principal del aderezo es evitar que la humedad del relleno remoje el pan del sándwich, al mismo tiempo que aporta cierta humedad y sabor. La mayonesa es probablemente el aderezo número uno, pues complementa casi todo tipo de rellenos, desde aves hasta huevos y queso. Se le puede añadir saborizantes como el polvo de curry, la mostaza o el pesto. La mantequilla es un aderezo popular que actúa como una excelente barrera en contra de la humedad; puede ser aromatizada con hierbas o especias. Otros aderezos pueden ser *tapenade*, *hummus*, quesos untables como el *ricotta*, el queso crema o el *mascarpone*, crema fresca y salsas como el guacamole.

160 Práctica: estación de sándwiches

Tenga todos los ingrediente listos para elaborar e rápida y eficientemente su sándwich, así no tendrá que desplazarse de su área de trabajo. Prepare su relleno; lave y seque los vegetales, prepare los untables y los aderezos, rebane carnes, quesos, jitomates y pepinos y prepare las guarniciones. Tenga el equipo listo y limpio, con el pan de su elección ya cortado.

El relleno

Los rellenos populares incluyen carne de res, pollo, pavo, cerdo, pescado, mariscos, vegetales asados, huevos y queso. Si el sándwich es frío, asegúrese de que todos los ingredientes que elija se puedan servir fríos; utilice carnes precocidas y debidamente refrigeradas. Algunos sándwiches calientes pueden prepararse a la orden. Una vez más, sólo asegúrese de que, justo como el pan, los rellenos e ingredientes sean frescos. El relleno es el cuerpo del sándwich y es lo que el cliente paga, por lo tanto asegúrese de su calidad.

Las guarniciones de un sándwich

La mayoría de los sándwiches se cortan en mitades, tercios o cuartos, lo que facilita comerlos. Esto también se suma a la presentación, mostrando el relleno, sus colores, sus texturas al tiempo que le da altura al plato. Para las guarniciones son buenas opciones las rebanadas de jitomates, aros de cebolla, pepinillos, papas fritas, papas a la francesa, salsas, pastas, frutas o aceitunas.

Los sándwiches clásicos

El **sándwich BLT**, por sus siglas en inglés (*bacon, lettuce and tomato*); se realiza con tocino, lechuga y jitomate entre rebanadas de pan tostado.
El ***Croque Monsieur*** es un sándwich de jamón y queso que se cubre con huevo batido y luego se asa a la parrilla.
El ***Panino*** se realiza con embutidos y quesos, como el salami, jamón y queso fontina; por lo general se calienta a la parrilla y se sirve caliente. Se le puede llamar también *panini*.
El **sandwich *Reuben***, se hace con carne enlatada, queso suizo, chucrut (col agria) y mostaza, entre dos rebanadas de pan de centeno a la parilla.
El **Club Sandwich** se hace con pan blanco, lechuga, pavo, jamón, tomate y tocino.

 Práctica: haga sándwiches con formas atractivas

Haga una variedad de sándwiches de diferentes formas, tamaños, panes y rellenos. Use cortadores de galletas para obtener formas diversas. Pruebe sus ideas con amigos y familiares.

---

162 **Práctica:** elabore *wraps*

Los *wraps ofrecen* la posibilidad de cruzar fronteras culinarias con la combinación de nuevos sabores. Se pueden preparar con elementos diversos, que al final siguen conservando la idea original de la preparación: un envuelto comestible.

1 Unte el producto en donde envolverá los ingredientes con mayonesa, mantequilla, puré de garbanzos, pesto o el aderezo de su preferencia.

2 Distribuya encima las carnes y vegetales.

3 Gire con presión el envoltorio alrededor del relleno. Puede envolver el *wrap* con plástico para mantener su forma y refrigerarlo.

116 Masas y pastas

En su preparación más básica, las pastas y masas son contenedores para los rellenos, pero con la práctica, usted puede convertir estas simples preparaciones de agua y harina en verdaderas obras de arte.

El siempre tentador croissant
¿Sabía usted que el pan francés clásico del desayuno, el croissant, se originó en Budapest, Hungría, para celebrar la liberación de la ciudad de los turcos en 1686? La forma de media luna viene de la luna creciente, que se encuentra en la bandera nacional turca.

Realmente no existe misterio alguno para hacer una perfecta pasta hojaldrada o masa para pastel, sin embargo, muchos profesionales de la cocina se vuelven aprensivos al momento de trabajar con ellas. Casi todas estas pastas se componen de cuatro ingredientes principales: harina, agua, grasa y sal. Es frecuente que se les añada mantequilla y huevos para enriquecer su sabor y textura.

Pastas quebradas

Este tipo de pasta se hace con harina estándar tamizada, un producto graso, un agente leudante y otros ingredientes como sal o especias. Las grasas que se utilizan más comúnmente son la mantequilla, la manteca vegetal, la manteca de cerdo, o una combinación de ellas. Las grasas tienen que estar muy frías y cortadas en cubos, para añadirlas a los ingredientes secos y poder deshacerlas con los dedos. Hay que evitar que la pasta se caliente, así que sólo use las yemas de sus dedos (no las palmas) para mezclar. Entre más grande sean los grumos que se formen en la pasta, el producto terminado será más crujiente. A esta pasta se le conoce como pasta quebrada y es la más adecuada para pays y tartas con relleno salado o dulce.

Si continúa disolviendo con los dedos la grasa, la pasta se hará más compacta, ideal para hacer panes rellenos con crema o mermeladas. El líquido debe ser suficiente para que la humedad una los ingredientes. Después, debe envolver la masa en plástico antes de extenderla para hacer galletas o pays.

Masas acremadas

Para este tipo de masas, es necesario que todos sus ingredientes estén a temperatura ambiente. Coloque la mantequilla o la manteca y el azúcar en un tazón y acrémelos, es decir, bátalos hasta que estén suaves, ligeros, y cremosos; esta textura se logra cuando se disuelven los granos de azúcar en la grasa y se incorpora aire. Añada los huevos batidos y los ingredientes secos cernidos poco a poco; dependiendo de la cantidad de harina y de líquido, puede que tenga que añadirlos en dos o tres tantos. Comience y termine siempre con la harina. En este paso, también puede agregar otros ingredientes para añadir sabor, como extracto de vainilla o esencias. Engrase ligeramente los moldes para hornear y vierta la mezcla en ellos. Con estas masas usted puede realizar bollos, pasteles, panes rápidos y galletas..

Masas esponjosas

Hay tres tipos de métodos para hacer esta masa. El método de "espuma fría " es cuando

---

163 Práctica: cómo hacer pasta brisé

La pasta brisé es versátil y muy fácil de hacer. Asegúrese de pesar todos los ingredientes con cuidado. Una vez elaborada, permita que la pasta repose durante 30 minutos antes de extenderla con un rodillo y usarla. La fórmula es sencilla: use un tanto de grasa (mantequilla o manteca de cerdo) por dos de harina, un poco de agua y una pizca de sal.

1 Tamice la harina y la sal en un tazón grande. Con los dedos deshaga la manteca o mantequilla en la harina.

2 Mezcle ligeramente los ingredientes hasta que la pasta tenga apariencia de arena mojada. Posteriormente, añada 2 cucharaditas de agua y amase suavemente.

---

164 Práctica: precocer una base

Es usual que las bases para tartas necesiten precocerse antes de añadirles el relleno. Engrase el molde para tarta y fórrelo con la pasta; después, coloque una hoja de papel encerado sobre la pasta y coloque encima frijoles secos o arroz crudo; esto ayudará a que la masa no se infle cuando se hornee. Ya que haya horneado la pasta, retire el papel encerado y los frijoles, y añada el relleno.

165 Práctica: realice pasta de hojaldre

Cierna 240 g de harina con una pizca de sal; integre 30 g de manteca vegetal y 240 ml de agua fría, amase y mezcle bien. Envuelva la masa y déjela reposar por 30 minutos. Extienda la masa hasta formar un rectángulo de 12 x 25 cm. Extienda con un rodillo la tercera parte de la mitad de la masa un poco más, para crear dos pestañas a los lados de masa (como en la foto).

1 Coloque 150 g de mantequilla sobre la masa, y envuélvala. Debe quedarle un paquete con la mantequilla envuelta completamente con la masa.

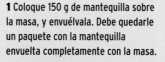

2 Posteriormente, gire el paquete 90 grados, para que los bordes doblados queden frente a usted.

3 Con cuidado, aplane la masa rellena de mantequilla con el rodillo.

4 Extienda la masa a la forma original de rectángulo, con la que había comenzado.

5 Doble el lado más cercano a usted hacia el centro, luego doble el otro lado de nuevo, formando un paquete.

6 Gire la masa 90 grados de nuevo, de modo que los bordes doblados queden enfrente de usted. Deje reposar durante 30 minutos en el refrigerador y repita tres veces más el proceso.

los huevos enteros se baten con el azúcar y se incorporan a la masa. El método "caliente" es cuando se baten los huevos a baño María; este método forma una espuma más estable, ya que los huevos están parcialmente cocidos. El método "separado" es cuando se separan las yemas de las claras y se baten por separado para obtener la máxima aireación. En esta etapa, no importa el método que utilice, añada los ingredientes secos con movimientos envolventes para retener al máximo el aire en la mezcla. Puede utilizar esta masa para una *genoise*.

Pasta choux

La pasta choux se utiliza para hacer profiteroles, churros, *choux* o *éclairs*. Se realiza al añadir harina y huevos a un líquido caliente con mantequilla fundida. A medida que se hornea la masa, el agua del interior se evapora y se forma un hueco que, al enfriarse, se puede rellenar con ciertas preparaciones como la crema pastelera. Traducido literalmente, la *pâte à choux* significa "pasta de col", en referencia a la forma que tienen los *choux*.

Caliente 100 g de mantequilla y una taza de agua en una olla lo suficientemente grande para mezclar todos los ingredientes. Cuando empiece a hervir, agregue una taza de harina y una pizca de sal; mezcle vigorosamente hasta que la masa comience a separarse de los lados de la olla,

formando una bola. Transfiera la mezcla a un tazón y deje que se enfríe un poco. Poco a poco, vierta cuatro huevos batidos de uno en uno, trabajando la masa hasta que quede suave.

Pasta hojaldre

La pasta hojaldre es un tipo de pasta en la cual la grasa se encuentra en capas en la masa que, al hornearse, se funde y permite que el espacio entre las capas quede hueco. Es una pasta ligera que se utiliza para *croissants*, pastelería danesa y algunos panes mexicanos.

Hornear, enfriar, almacenar

Siga la receta que haya elegido y hornee la preparación de acuerdo a la temperatura y el tiempo de cocción. Para enfriar los productos horneados, la mayoría de las piezas se colocan sobre una rejilla, de modo que el aire pueda circular alrededor del producto. La mayoría de los pasteles se dejan enfriar un poco antes de ser desmoldados, al igual que las bases para pay.

El tiempo de conservación de productos de pastelería es más corto si quedan expuestos al aire. Una vez fríos, estos productos deben envolverse o mantenerse en un recipiente hermético y congelarse, pero antes de utilizarlos, debe permitir que se descongelen a temperatura ambiente.

Los profiteroles
La pasta crujiente y dorada de color café de los siempre populares profiteroles se rellena con crema chantilly y se baña con salsa de chocolate oscuro ¿Qué más se puede pedir?

Los merengues y el chocolate

Claras de huevo y azúcar pueden formar una de las más deliciosas preparaciones: el merengue utilizado para hacer suflés, glasé real, o para rellenarse con frutas o crema. El chocolate es uno de los productos más solicitados en todo el mundo, y un ingrediente esencial en la cocina.

Un merengue son claras de huevo y azúcar batidas, con una textura dura o blanda, en función de la proporción de azúcar añadida a los huevos. Una proporción de azúcar baja produce un merengue suave, una espuma o un suflé, mientras que una proporción mayor, produce un merengue duro que se puede rellenar. También se puede dorar debajo de la parrilla o crear discos de merengue para hacer un pastel de capas, relleno de fruta fresca y crema.

La ciencia del merengue

Las claras de huevo se componen de 85 por ciento de agua y proteína; al batir esta proteína (albúmina), se modifica su consistencia, lo cual permite que queden atrapadas burbujas de aire en su estructura. Cuando la espuma se calienta, el aire se expande, el agua se evapora y la proteína se coagula, lo que evita el colapso de la estructura. El mejor recipiente para batir los huevos es alguno elaborado con cobre o acero inoxidable. Cuando añada el azúcar, hágalo de manera constante, ya que los huevos comienzan a aumentar su volumen rápidamente. El azúcar, al igual que la proteína, estabiliza la espuma y crea una textura suave y sedosa.

Tipos de merengue

El **merengue común** o **francés** también se conoce como merengue frío, ya que no necesita hornearse; se puede utilizar en mousses de chocolate o en suflés. Bata las claras de huevo con energía, hasta que tripliquen su volumen. Luego, reduzca la velocidad a media, y poco a poco agregue el azúcar para obtener una espuma suave. Úsela inmediatamente para hacer anillos, pasteles esponjosos o suflés.

El **merengue suizo** se elabora al calentar a baño María azúcar y huevos. Bátalos hasta que la mezcla haya alcanzado una temperatura entre los 46 y 74 °C. Posteriormente, bata a media velocidad hasta que la mezcla espese, y enfríe. Úselos para suavizar mousses y hacer cremas de mantequilla o rellenos para pasteles.

El **merengue italiano** es una combinación sencilla de azúcar cocido (jarabe) y el merengue común o francés. Para prepararlo, hierva el azúcar y el agua a una temperatura entre los 110 y 121 °C. Durante la ebullición, reduzca la velocidad de batido del merengue francés y añada lentamente el jarabe caliente. Continúe

Merengues bajos en grasa

Los merengues son naturalmente bajos en grasa, así que son ideales para usarlos como un sustituto de los pasteles. Los puede utilizar para cubrir los pasteles y rellenarlos, especialmente aquellos con sabor a vainilla, cacao en polvo, o nueces molidas. También son libres de gluten y puede utilizarlos como sustituto de galletas.

166 **Práctica:** forme merengues

Esto funciona bien con un merengue suizo. Llene de merengue una manga pastelera con duya. Aplique en la manga una presión uniforme con la palma de su mano y forme las figuras de su elección.

1 Coloque una hoja de papel encerado o siliconado sobre una charola; coloque un plato en un lado del papel, dibuje el contorno y forme un círculo de merengue alrededor de éste; dibuje otro círculo sobre el papel y forme una espiral dentro de él (base de la canasta).

2 Forme más anillos sobre el anillo original. Posteriormente, forme los lados, desde la base hasta la parte superior.

3 Forme rosetas en el borde superior. Hornéelo a una baja temperatura hasta que esté crujiente.

167 **Práctica:** realizar un merengue perfecto

Use un batidor de globo y bata en un cazo de cobre o de acero inoxidable para obtener una textura uniforme de merengue. Use 60 g de azúcar refinada por cada clara de huevo.

Receta
• 4 huevos grandes
• 240 g de azúcar

1 Separe las claras de las yemas. Coloque las claras en el cazo y mezcle suavemente.

2 Incremente la velocidad de batido, hasta que haya alcanzado una consistencia suave.

3 Añada poco a poco el azúcar y bata hasta que la consistencia haya cambiado hasta formar picos duros.

4 Si usted puede darle la vuelta boca abajo al cazo y éste no se cae, habrá obtenido la consistencia deseada.

El chocolate

Proviene de los granos del árbol de cacao, que se cultiva en diversas regiones del mundo.

Cobertura de chocolate

Es de alta calidad, ya sea oscura, con leche, o blanca; debe contener al menos un 32 por ciento de cacao. Se utiliza para cubrir dulces u otros productos. Debe templarse antes de ser utilizada.

Cubierta sabor chocolate

Está hecha a base con grasas hidrogenadas y lecitina, sin manteca de cacao. No necesita templarse antes de ser utilizada.

El **chocolate oscuro**

Es el que se comercializa como chocolate sin azúcar y se llama también chocolate amargo. Se fabrica con una cantidad de entre 50 y 58 por ciento de cacao, sin adición de azúcar o sólidos de leche, lo que hace que conserve su sabor amargo. Se utiliza para rellenar tartas y para hacer *mousses*.

El **chocolate con leche**

Es el preferido para comerse; está hecho de pasta de cacao que ha sido finamente homogenizada, en combinación con manteca de cacao, azúcar y vainilla. El chocolate con leche debe contener por lo menos 12 por ciento de sólidos lácteos. Se utiliza para glaseados, *mousses*, dulces, y como cobertura. No sustituya chocolate oscuro por chocolate de leche en productos horneados, ya que los sólidos de leche tienden a quemarse.

El **chocolate blanco**

No es realmente un chocolate, ya que no contiene más que manteca de cacao, azúcar, lecitina, vainilla y leche seca o condensada; se utiliza en repostería.

Cocoa

Es el polvo de cacao de color café que queda después de que la manteca se ha eliminado de la pasta de cacao. La cocoa ordinaria no tiene edulcorantes ni saborizantes.

Almacenamiento del chocolate

Almacénelo bien envuelto, alejado de los olores y la humedad, en un lugar fresco, seco y ventilado; no debe guardarse en un refrigerador, porque esto puede causar que se humedezca y que produzca en la superficie la llamada "flor de azúcar", que da lugar a una textura arenosa cuando se funde. A veces hay residuos blancos en la superficie; esto indica que el chocolate se ha almacenado por encima de los 21 °C y la manteca de cacao se ha derretido y luego recristalizado en la superficie. Si se templa de forma adecuada, se puede utilizar sin problemas. La cocoa puede almacenarse en recipientes bien cerrados hasta por un año sin perder el sabor.

hasta que espese el merengue y se enfríe. Use el merengue italiano para decorar pasteles y suavizar masas.

La golosina favorita
Conocido como el alimento de los dioses, el chocolate es considerado un alimento extraordinario y es el favorito de muchos.

168 Práctica: temple el chocolate

El templado es un proceso de calentamiento paulatino del chocolate para estabilizar los sólidos de cacao y la grasa emulsionada.

1 Derrita el chocolate a baño María a una temperatura de 43 °C. Vierta la mitad del chocolate fundido en una mesa de mármol.

2 Utilice una espátula y expanda el chocolate hacia atrás y hacia delante, durante unos tres o cuatro minutos, hasta que el chocolate tenga una consistencia muy suave.

3 Regrese el chocolate de nuevo al tazón y mézclelo. La temperatura debe alcanzar los 29 °C. El chocolate estará templado y listo para su uso.

169 Práctica: mousse de chocolate

Pocos postres son tan populares como la *mousse* de chocolate. Pruebe esta fácil receta.

Ingredientes
(rinde para cuatro personas)
- 240 g de chocolate oscuro
- 120 g de mantequilla sin sal
- 3 yemas de huevo
- 5 claras de huevo
- 30 g de azúcar
- 120 ml de crema espesa

1 Derrita el chocolate y la mantequilla a baño María.

2 Agregue las yemas de huevo, una a una. En un tazón aparte, bata las claras hasta que estén firmes y añádales el azúcar.

3 Con una espátula, integre de forma envolvente las claras a la mezcla de chocolate y retírela del fuego.

4 Bata la crema hasta que adquiera el punto de picos suaves, intégrela a la mezcla de chocolate.

5 Enfríe la espuma, colóquela en una manga pastelera y rellene los moldes. Adorne las mousses con frutas, chocolate líquido y hojas de menta.

Flanes y postres cremosos

La simple combinación de crema, huevos y leche le da un toque sedoso y suave a los postres, ideal para rellenos de numerosas cremas, *mousses* y helados.

Casi todas las cremas y flanes están cocidos, pero se pueden servir fríos o calientes. Debe aprender a dominar el calentamiento de la leche y los huevos; demasiado calor y la mezcla será grumosa, demasiado frío y el postre no espesará y perderá humedad.

Flanes y natillas

Son preparaciones que se espesan con huevos. Una vez que los huevos se calientan, la proteína se coagula y se espesa el líquido, la consistencia de depende de cuántos huevos se utilicen, ya sean enteros o sólo las yemas, o si se ha utilizado leche o crema. Entre más huevos use, más espesa será la natilla; lo mismo sucederá si utiliza crema en lugar de leche.

Crema inglesa

Se hace con yemas de huevo, azúcar y leche. Puede usar crema para una salsa más espesa y más rica, o probar mitad y mitad; por lo general esta salsa se aromatiza con vainilla o extracto de vainilla. Al prepararla, hay que tener cuidado de no permitir que la salsa hierva, de lo contrario los huevos cuajarán. Mueva la salsa constantemente para que no se queme en el fondo.

Use un termómetro para controlar la temperatura y no permita que esta exceda de 88 °C. La temperatura ideal es de 85 °C y debe

ser suficiente para espesar la salsa y cubrir el reverso de una cuchara. La crema inglesa se puede servir fría o caliente, con frutas, pasteles o se puede usar como base para algún helado.

Vierta esta salsa en un molde y hornéela en un baño de agua, a una temperatura que no exceda los 100 °C; deje enfriar, espolvoree con azúcar y caramelice con un soplete para hacer un clásico francés: la *crème brûlée*. Las natillas al horno, cocidas adecuadamente, tienen una textura suave que es lo suficientemente firme como para cortarse, como un flan. Si le agrega otros ingredientes, obtendrá la base para un pay de queso, un arroz con leche o un budín de pan.

Crema pastelera

Se hace igual que la crema inglesa, sólo que se espesa con almidón como la harina, la fécula de maíz, o una combinación de las dos. La crema pastelera tiene una consistencia más espesa que la crema inglesa. Las cremas pasteleras suelen estar aromatizadas con licor, extractos de frutas

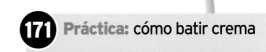

171 Práctica: cómo batir crema

Asegúrese antes de comenzar que la crema, el recipiente de la mezcla y todos los utensilios estén fríos y completamente limpios.

1 Forme un anillo con una tela y coloque encima un tazón.

2 Sujete el recipiente con firmeza en una mano y bata la crema con un batidor de globo con la otra mano.

3 Siga batiendo la crema hasta que incremente su volumen dos o tres veces, formando picos suaves.

170 Práctica: elabore una natilla

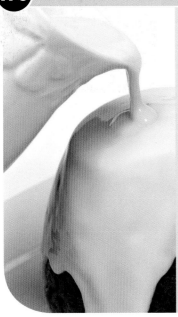

La natilla es un líquido espesado por la coagulación de yemas. Se cuece a fuego bajo, sin dejar de mover, para usarse como salsa suave y cremosa, o cocida al horno para obtener una textura firme.

Receta (rendimiento: 6 tazas)
• 5 tazas de leche entera
• 1 vaina de vainilla, abierta
• 10 yemas
• 300 g de azúcar

Hierva la leche y la vaina de vainilla sin que se queme. En un recipiente aparte, bata los huevos con el azúcar, viértalos sobre la leche caliente y mezcle. Cueza a fuego bajo hasta que la crema llegue a 85°C. Tan pronto como la natilla se quede en el dorso de cuchara, retírela del fuego y cuélela en un recipiente limpio. Sírvala fría o caliente.

o chocolate, y se utilizan como relleno para pasteles como los *éclairs*, o las tartas de frutas. La crema pastelera, con la adición de crema batida, produce una crema muselina.

Cremas

En esta categoría se incluyen postres como la crema bávara o el manjar blanco. La crema bávara se realiza mediante la adición de grenetina a la natilla antes de batirla; posteriormente, puede verterla en moldes individuales o en uno grande, enfriarla hasta que esté firme, y servirla con frutas o un *coulis* de fruta. Un postre clásico, elaborado con crema bávara es la carlota rusa. El *chiffon,* otro postre, es similar a una crema bávara, pero se utiliza clara de huevo batida en lugar de crema puede usarse como relleno de pays.

Mousses

La palabra *mousse* simplemente significa en francés espuma, o ligero. La mousse es similar a la crema bávara, pero con la adición de crema batida o clara de huevo batida, y a veces ambas. Las burbujas de aire de las claras batidas o de la crema están atrapadas en la base del postre y proporcionan el airado; es como una esponja de textura suave y aterciopelada para la boca. Las *mousses* suelen ser muy suaves para moldearse, a menos que se agregue una pequeña cantidad de grenetina. Agregue chocolate derretido si desea hacer una mousse de chocolate clásico (ver página 119). Una *mousse* también se puede utilizar como relleno para pays o pasteles.

Helado

El helado es una natilla que se batió durante todo su proceso de congelación, para lograr una textura suave, rica y sedosa. Una infinita variedad de sabores puede añadirse a los helados mientras se baten. Estos incluyen licores, frutas, chocolate, frutos secos y extractos de todo tipo. Un helado de buena calidad tendrá un 40 por ciento de sólidos.

El *gelato* es un helado italiano elaborado con leche. Es más denso que el helado normal, porque menos aire se incorpora durante el proceso de batido; puede o no incluir huevos. El helado de yogur utiliza como base el yogur, con la adición de leche o crema para añadir sabor y suavidad. El sorbete no contiene productos lácteos y se hace mezclando azúcar, agua y el saborizante antes de batir. La nieve se hace a base de frutas; está hecha con leche, crema o agua, y se bate hasta obtener una textura ligera y granulada.

172 Práctica: forme una *quenelle*

Una *quenelle* es una pequeña forma ovalada que se puede utilizar para adornar productos dulces y salados. Hacer *quenelles* rápidamente y sin esfuerzo realmente muestra sus habilidades culinarias. Con lo mejor que puede practicar es con helado, porque fácilmente se pueden rectificar sus errores.

1 Tome dos cucharas iguales, llene una con helado y presione con la otra por arriba y hacia abajo, luego separe una cuchara de la otra.

2 Repita con la otra cuchara, quitando el exceso de helado. Se llevará de tres a cuatro vueltas de la cuchara para completar.

3 Repita el proceso hasta que haya una superficie lisa con forma de pelota ovalada. Colóquela en un plato y congele hasta que la use.

173 Práctica: elabore helados

El helado de crema se bate durante su congelación y se puede saborizar con una enorme variedad de frutas, frutos secos, extractos y licores. El sello de un buen helado es su suavidad y su buen sabor.

Receta
(rendimiento: 6 tazas)
- 3 tazas (750 ml) de leche entera
- 1 taza (250 ml) de crema
- 1 vaina de vainilla abierta
- 8 yemas
- 300 g de azúcar

Ponga a hervir en una cacerola la leche, la crema y la vainilla. En un recipiente aparte bata los huevos y el azúcar, luego vierta sobre el líquido en ebullición y vuelva a batir. Cueza a fuego bajo hasta que la crema llegue a 85 °C. Cuele en un recipiente limpio. Enfríe en un baño con hielo, y luego bata en una máquina de helados o llévelo al congelador y bátalo cada 30 minutos hasta que se congele.

Una palabra de precaución

Si prepara flanes, rellenos, cremas, mousses o helados, observe todas las normas de higiene, debido al peligro de contaminación bacteriana. Asegúrese de lavar y desinfectar todo el equipo antes de usarlo. Pruebe los alimentos con cucharas limpias cuando los prepare. Enfríe lo más rápido posible si no va a servir el plato caliente o tibio, y mantenga los ingredientes y preparaciones terminadas dentro del refrigerador todo el tiempo.

Glosario

Aceite
Grasa de origen vegetal que se mantiene líquida a temperatura ambiente.

Ácido
Sustancia con un pH menor a 7, que neutraliza una base alcalina en una solución líquida. El jugo de limón, el vinagre y el vino se usan comúnmente como ácidos en la cocina.

Acremar
Mezclar o batir un ingrediente o una preparación para que adquiera una textura y consistencia cremosa.

Agente espesante
Ingrediente que espesa las salsas o líquidos, como harina, mantequilla, arroz, papa o fécula de maíz.

Agente leudante
Ingrediente o proceso que produce o incorpora gases en un producto horneado, para aumentar el volumen y proporcionar estructura y textura. Puede ser químico (polvo para hornear), mecánico (batido) o biológico (levaduras).

Almidón
Carbohidrato complejo formado por cadenas de glucosa. Se encuentra presente en los cereales y los tubérculos.

Airear
Incorporar aire dentro de una preparación mediante el batido para hacerla más ligera y aumentar su volumen.

***À la carte* (a la carta)**
Menú en el que cada uno de los platillos y bebidas están en la lista con el precio por separado. Cada platillo es preparado a la orden, a diferencia de los menús fijos, donde todo ya está cocinado.

Albúmina
Proteína de la clara de huevo que representa alrededor del 70 por ciento de su contenido. Es la responsable de atrapar el aire cuando un huevo es batido.

Almidón
Carbohidratos complejos de origen vegetal presentes en el arroz, cereales, pasta o papas.

Amasar
Mezclar harina con uno o varios ingredientes, con las manos o con ayuda de una batidora para incorporarlos bien y obtener una masa homogénea y sin grumos. También se refiere a la acción de trabajar la masa para que tenga consistencia elástica (si la receta lo requiere).

Aminoácido
Componente básico molecular de las proteínas; están formados por átomos de oxígeno, hidrógeno, carbono y nitrógeno, los cuales son llamados los "bloques de construcción de las proteínas". De los 20 aminoácidos en la dieta humana, nueve son los llamados "esenciales" porque el cuerpo nos los produce por sí mismo y deben suministrarse a través de la dieta.

Aperitivo
Primer curso de una comida, generalmente ligero y servido en porciones pequeñas. Frío o caliente, es el responsable de abrir el apetito.

Aromático
Ingrediente añadido a un platillo para mejorar o resaltar sus sabores; entre los más utilizados se encuentran las hierbas y las especias.

Au gratin (gratinado)
Alimentos con la superficie dorada que se logra mediante el uso del horno o la salamandra.

Bacterias
Organismos unicelulares microscópicos. Algunos pueden causar enfermedades, mientras que otros tienen propiedades benéficas para la fabricación de productos.

Bacterias anaeróbicas
Bacterias que viven sin la presencia de oxígeno.

Baño María
Técnica utilizada para cocinar alimentos con calor suave obtenido a través del vapor de agua. Se realiza con un recipiente dentro de otro con agua hirviendo a fuego bajo; el recipiente no debe tocar el agua. Es utilizado para productos delicados.

Batir
Revolver enérgicamente con algún instrumento un ingrediente o una preparación con el fin de modificar su consistencia, aspecto o color.

Bechamel
Salsa blanca hecha a base de leche espesada con un *roux* blanco.

Bernesa
Salsa hecha a base de la emulsión de yemas y mantequilla derretida, con una reducción de vinagre blanco, chalote y estragón. Se aromatiza con pimienta negra recién molida, estragón y perifollo picados.

Beurre blanc
Significa en francés "mantequilla blanca". Salsa clásica hecha de la emulsión de mantequilla con una reducción de vino blanco y chalotes.

Beurre manié
Significa en francés "mantequilla amasada". Se prepara mezclando la misma cantidad de mantequilla y harina; utilizada en la cocina para espesar salsas y añadirles brillo y sabor.

Bisque
Sopa clásica hecha a base de mariscos y espesada con arroz.

Bivalvos
Moluscos que poseen dos conchas unidas por una articulación central, como las almejas, los ostiones, las ostras, y los mejillones.

Blanqueado
Técnica de cocer parcialmente los alimentos en agua hirviendo o en grasa caliente

Bouquet garni
Pequeño manojo de hierbas aromáticas frescas y especias, que se añade a los caldos, salsas, sopas y guisos para darles sabor.

Brasear
Método de cocción mixto, en el que los alimentos primero se doran en grasa caliente, para después cocerlos lentamente, cubiertos parcialmente de de algún líquido.

Caloría
Unidad de energía medida por la cantidad de calor necesaria para elevar 1 ºC la temperatura de 1 gramo de agua pura.

Caramelización
Proceso de oscurecimiento del azúcar por

acción del calor. El azúcar se carameliza a una temperatura de entre 160 y 182 °C.

Carbohidratos
Grupo de compuestos formados por oxígeno, hidrógeno y carbono, que suministran energía al cuerpo; se clasifican como simples (azúcares) y complejos (almidones).

Cernir
Pasar un ingrediente seco y molido por una coladera. Su función puede ser mezclar. En el caso de la harina y del polvo para hornear es indispensable para quitar grumos e impurezas.

Clarificación
Proceso en el que se eliminan las impurezas de un líquido. Este proceso convierte un caldo en una sopa clara, como un consomé, o permite retirar los sólidos en la mantequilla para que pueda soportar temperaturas más altas sin quemarse.

Coagulación de la proteína
Transformación irreversible de las proteínas en estado líquido o semilíquido, a sólido por aplicación de calor.

Colágeno
Proteína fibrosa que se encuentra en el tejido conectivo de los animales, que se convierte en grenetina cuando se cuece con calor húmedo durante un periodo largo.

Conducción
Transferencia de calor desde un punto a otro a través del contacto directo, por ejemplo, en una olla o sartén.

Convección
Transferencia de calor causada por el movimiento natural de las moléculas de una zona caliente a una fría, en sustancias como el aire, el agua o la grasa.

Crustáceos
Mariscos que se caracterizan por tener un esqueleto duro externo, como las langostas, los cangrejos y los camarones.

Cuajar
Aglutinación de las proteínas que hacen que una preparación se torne más sólida. Esta reacción se produce a través del calor.

Desglasar
Disolver las partículas restantes del fondo de un sartén o una cacerola donde se salteó, doró u horneó algún alimento, con un líquido como agua, vino, o fondo. El concentrado obtenido se utiliza como base de una salsa.

Ebullición
Método de cocción por líquido en el que los alimentos se cuecen sumergidos en un líquido o agua hirviendo a una temperatura de aproximadamente 100 ºC.

Empanizar
Cubrir algún alimento con una capa de pan molido u otro elemento seco. Este proceso se aplica a los alimentos que se van a freír.

Emulsión
Mezcla homogénea de dos o más elementos que no son solubles entre sí; los más utilizados son la yema de huevo y el aceite. Estas emulsiones pueden ser temporales, permanentes o semipermanentes. La mayonesa y la vinagreta son algunos ejemplos.

Enharinar
Cubrir algún alimento o molde con harina. Los alimentos se enharinan antes de empanizarlos y los moldes se enharinan para evitar que las masas se peguen en ellos.

Envolver
Combinar dos o más elementos delicadamente usando una espátula para evitar perder su volumen. Los movimientos deben ser suaves al dar la vuelta a la espátula y llegar al fondo de la mezcla.

Escurrir
Retirar residuos de agua de algún alimento sobre un colador, o con un utensilio centrifugador.

Estofado
Platillo cocido a fuego lento, a menudo incorporando pequeños trozos de carne que han sido blanqueados o salteados, y terminan de cocerse en una pequeña cantidad de líquido o salsa.

Fécula de maíz
Almidón extraído del maíz que tiene más poder espesante que la harina.

Fermentación
Proceso por el cual azúcar se convierte en alcohol y dióxido de carbono por acción de las levaduras.

Fibra
Celulosa no digerible presente en los cereales, las frutas, y los vegetales, que ayuda al buen funcionamiento del sistema digestivo.

Fondue
Preparación de origen suizo elaborada con uno o más quesos fundidos a fuego lento.

Freír
Método de cocción por grasa. La fritura profunda, el salteado y la cocción al wok son algunos ejemplos.

Fritura profunda
Método de cocción por grasa, en la cual el alimento se sumerge en ésta. Los alimentos cocidos por este método, están a menudo cubiertos por pan molido, harina o alguna pasta.

Gastronomía molecular
Cocina en la que se involucran el trabajo del científico y del cocinero para entender los procedimientos físico-químicos detrás de la producción de alimentos. Ofrece técnicas de vanguardia basadas en un respaldo tecnológico y científico.

Glasear
Rociar alguna pieza de carne previamente cocida con sus jugo de cocción para luego hornearla, o ponerla en la salamandra para que se le forme una capa brillante en la superficie.
Cocer alimentos (principalmente vegetales) con mantequilla, sal y azúcar hasta que el agua se evapore y los alimentos queden cubiertos con una capa brillante.

Glucosa
Carbohidrato simple utilizado como edulcorante. Es muy empleada en la industria de alimentos, y forma parte de numerosas preparaciones de pastelería y confitería.

Grasa
Grupo de compuestos formados por oxígeno, hidrógeno y átomos de carbono que suministran energía al cuerpo (nueve calorías por gramo), las grasas se clasifican en saturadas, monoinsaturadas o poliinsaturadas. Ejemplos son la mantequilla, la manteca de cerdo, la manteca vegetal, el aceite y la margarina.

Grasas saturadas
Grasas que se encuentran principalmente

en productos animales como la carne, la leche, la mantequilla y los huevos. Estas grasas tienden a ser sólidas a temperatura ambiente. El aceite de coco, el aceite de palma y el de cacao son fuentes de grasa saturada de origen vegetal.

HACCP (siglas en inglés)
Análisis de Peligros y Puntos Críticos de Control. Normas y controles establecidos para controlar tiempos y temperaturas de cocción y de almacenaje de los alimentos, así como todos los puntos necesarios para su manejo seguro.

Holandesa
Salsa clásica hecha de una emulsión caliente de mantequilla derretida y yemas.

Hornear
Método de cocción por calor seco, en el cual los alimentos se cuecen rodeados de aire caliente en un horno.

Incorporar
Verter un alimento sobre otro y mezclarlos.

Infusión
Resultado de verter un líquido hirviendo sobre alguna sustancia, dejando reposar para que se impregne de sus aromas. Por ejemplo, se puede hacer una infusión de vainilla y leche.

Irradiación
Método de conservación utilizado para ciertas frutas, vegetales, cereales, especias, carnes, y aves, en el que la radiación ionizante esteriliza el alimento; retarda la maduración, e impide la germinación.

Levadura
Nombre de un grupo de hongos responsables de producir las fermentaciones de las masas y las bebidas.

Madeira
Vino fortificado portugués, que otorga a los platillos un sabor específico y un color café.

Marinar
Alimentos sometidos a la acción de un líquido condimentado para añadirles sabor y suavizarlos.

Marmoleado
Vetas de grasa en la carne, que hacen que ésta sea tierna, sabrosa y jugosa.

Medio de cocción
Medios por los cuales se cuece algún alimento, por ejemplo aire, grasa, agua o vapor.

Métodos de cocción mixta
Métodos de cocción, principalmente brasear y estofar, en los que se combinan técnicas de cocción por grasa, por calor seco y por líquido.

Métodos de cocción por calor seco
Métodos de cocción que utilizan el aire caliente, o el calor radiante para transferir calor a los alimentos y cocerlos. Cocer en horno o a la parrilla son algunos ejemplos.

Métodos de cocción por grasa
Métodos de cocción que utilizan grasas para transferir calor a los alimentos y cocerlos. Freír y saltear son algunos ejemplos.

Métodos de cocción por líquido
Métodos de cocción que utilizan líquidos para transferir calor a los alimentos y cocerlos. Hervir y pochar son algunos ejemplos.

Mirepoix
Mezcla de vegetales aromáticos picados, añadidos a los fondos, guisos y otros platillos para enriquecer su sabor. Generalmente la proporción es dos partes de cebolla, una parte de zanahoria y una arte de apio.

Mise en place
Literalmente en francés significa "puesto en su lugar". Es el conjunto de preparaciones previas e ingredientes listos para comenzara a cocinar.

Molusco
Mariscos con conchas externas duras y sin esqueletos internos. Se incluyen en este grupo a los gasterópodos, bivalvos y cefalópodos, como las almejas, las ostras, los caracoles, el pulpo y el calamar.

Nutrientes
Las sustancias químicas que se encuentran en los alimentos, que proporcionan al cuerpo los elementos básicos para realizar las funciones de crecimiento, suministro de energía y funcionamiento de los órganos y sistemas. Hay seis categorías de nutrientes: proteínas, carbohidratos, grasas, agua, minerales y vitaminas.

Omega 3
Ácido graso poliinsaturado que reduce el riesgo de enfermedades cardiovasculares y de cáncer. Estimula el sistema inmunológico y regula la presión arterial. Está presente en pescados grasos, en vegetales de hoja verde y en ciertos aceites y nueces.

Oxidación
Proceso en el cual los alimentos pierden sus propiedades al contacto con el oxígeno.

Pasteurización
Proceso de calentar un alimento a una cierta temperatura por un período específico de tiempo, para matar las bacterias.

Patógeno
Cualquier organismo que causa alguna enfermedad; por lo general, este término se refiere a las bacterias. Más del noventa y cinco por ciento de las enfermedades causadas por los alimentos provienen de los patógenos.

Plato fuerte
Platillo principal de un menú, por lo general hecho a base carne roja, aves, pescados o mariscos, servido con alguna guarnición.

Pochar
Cocer un alimento en agua o un líquido hirviendo a fuego bajo a una temperatura que oscila entre 71 y 82 °C.

Polvo para hornear
Mezcla de bicarbonato, ácido tartárico en polvo y fécula de maíz. Funciona como agente leudante en preparaciones al horno.

Porcionar
Cortar un gran trozo de carne cruda de res, cerdo, ave, pescado o vegetales o frutas, en trozos más pequeños.

Proteínas
Grupo de compuestos formados por átomos de oxígeno, hidrógeno, carbono y nitrógeno, necesarios para la fabricación, mantenimiento y reparación de los tejidos del cuerpo, y como una fuente alternativa de energía. Las cadenas de proteínas se construyen de diversas combinaciones de aminoácidos, y se pueden obtener de los animales y de las leguminosas.

Quenelle
Alimentos pequeños moldeados en forma ovalada con la ayuda de dos cucharas.

Rango de temperatura de peligro
Rango de temperatura que va de los 5 a los 57 ºC, en cual las bacterias se multiplican rápidamente.

Reacción de Maillard
Reacción química que provoca el oscurecimiento en los alimentos y da como resultado colores y sabores particulares. La reacción involucra carbohidratos y aminoácidos y se origina a partir de una temperatura de 155 ºC.

Reducir
Disminuir el volumen de un líquido (caldo o salsa) por medio de la evaporación a fuego bajo, lo que acentúa su sabor gracias a la concentración de sus propiedades, además de otorgarle mayor untuosidad y consistencia.

Salamandra
Parrilla pequeña utilizada para glasear, gratinar o caramelizar la parte superior de los alimentos.

Salmuera
Solución de sal, agua y especias utilizada para conservar alimentos.

Saltear
Método de cocción por grasa que utiliza conducción para transferir calor de un sartén caliente a los alimentos con la ayuda de una pequeña cantidad de grasa a una temperatura alta.

Sazonar
Mejorar el sabor de los alimentos mediante la adición de sal, pimienta, hierbas y especias.

Sous-vide
Cocción al vacío en bolsas selladas, en un baño de agua, a baja temperatura.

Temperar o templar
Derretir el chocolate para que todos sus componentes se integren de manera uniforme manteniéndolo suave y brillante; o aumentar lentamente la temperatura de un líquido frío para que no se corte.

Vegano
Vegetariano que no come ningún alimento derivado de animales. Hay personas que no se restringen únicamente a consumir alimentos vegetales, sino que incluyen en su dieta huevo y lácteos.

Vida de anaquel
El tiempo que un producto puede durar almacenado sin perder su calidad y sus propiedades organolépticas.

Vinagreta
Salsa fría hecha con vinagre y aceite, usualmente condimentada con otros elementos. Es una emulsión cuya base es una parte de vinagre por tres de aceite.

Agradecimientos

p. 2 Photolibrary.com/freshfoodimages/Chris L Jones
p. 7 Getty images/Brian Doben
p. 11 Photolibrary.com/Ticket/Yadid Levy
p. 92 Getty Images/David Prince

iStock
Shutterstock
Fotografía especial: Simon Pask